U0836856

财政部规划教材

全国高职高专院校财经类教材

会计岗前实训手册

石　彬　主编

中国财经出版传媒集团
中国财政经济出版社

图书在版编目（CIP）数据

会计岗前实训手册／石彬主编．--北京：中国财政经济出版社，2022.9

财政部规划教材　全国高职高专院校财经类教材

ISBN 978－7－5223－1631－4

Ⅰ.①会…　Ⅱ.①石…　Ⅲ.①会计学－高等职业教育－教学参考资料　Ⅳ.①F230

中国版本图书馆 CIP 数据核字（2022）第 138877 号

责任编辑：张　军　彭洋洋　　　责任印制：张　健

封面设计：卜建辰　　　　　　　责任校对：胡永立

会计岗前实训手册

KUAIJI GANGQIAN SHIXUN SHOUCE

中国财政经济出版社 出版

URL：http：//www.cfeph.cn

E－mail：cfeph@cfeph.cn

社址：北京市海淀区阜成路甲 28 号　邮政编码：100142

营销中心电话：010－88191522

天猫网店：中国财政经济出版社旗舰店

网址：https：//zgczjjcbs.tmall.com

北京密兴印刷有限公司印刷　各地新华书店经销

成品尺寸：185mm×260mm　16 开　13.25 印张　297 000 字

2022 年 9 月第 1 版　2022 年 9 月北京第 1 次印刷

定价：39.00 元

ISBN 978－7－5223－1631－4

（图书出现印装问题，本社负责调换，电话：010－88190548）

本社质量投诉电话：010－88190744

打击盗版举报热线：010－88191661　QQ：2242791300

编写说明

会计工作特别强调理论知识与实务技能相结合。对于会计专业毕业生及准备从事会计工作的人员来说，实务经验的欠缺是就业前的一大短板。本教材基于商品流通企业会计岗位的职业能力需求，精心设计了岗位必备知识、岗位实训两个模块。其中，岗位必备知识模块系统介绍了商品流通企业的特点、财经数字书写、合同条款审核、常用会计科目介绍、企业财务制度建设及商品流通企业涉税知识等内容；岗位实训模块以一家电器销售企业六个月的真实业务作为蓝本，内容涵盖企业从成立初期到经营期两个阶段的主要经济业务，包含商品采购、存储、销售、费用报销、商业促销、委托销售、退货、捐赠、罚款、利润分配等业务的会计与税务处理。读者完成本书所有的实训项目后，可以较好地掌握商贸企业全盘财税处理工作，以及月末、季末、年末的处理要点，从而快速提高会计实操经验与能力。

相比国内同类教材，本教材的编写大量参考了商品流通企业实际从业工作者的宝贵经验，强调财务与税务的结合，注重企业的实际需求。本书是“校企合作”的成果，可作为高职高专院校大数据与会计、会计信息管理、大数据与财务管理、大数据与审计、资产评估与管理、财税大数据应用、市场营销等经济管理类各专业学生的实训教材，也可作为有意从事会计工作人员的实务参考用书。

本教材由云南财经职业学院石彬担任主编，负责拟定编写大纲，并对全书进行总纂和定稿，西南林业大学张健、云南财经职业学院马佳佳、昆明卓锦商务信息咨询有限公司龚瑾和昆明一筹财务信息咨询有限公司保映锋担任副主编。教材具体编写分工：项目一任务一由龚瑾负责编写；项目一任务二由石彬负责编写；项目一任务三由保映锋负责编写；项目一任务四由张健、保映锋、石彬负责编写；项目一任务五由龚瑾负责编写；项目一任务六由保映锋负责编写；项目一任务七由马佳佳负责编写；项目二由张健、保映锋、石彬负责编写。云南财经职业学院参编人员：李爽；西南林业大学参编人员：张子萱、李连、夏欣宇、陈美龄。

如需要获取相关教材配套资源，请以电子邮件形式联系中国财政经济出版社，Email：caijingjiaocai@163. com，也可访问如下网址下载：http：//jiaocai. cfeph. cn。

本书所提及的单位名称、人员姓名均为虚构，仅供教学使用，如有雷同，纯属巧合。本书在编写的过程中参考了大量的相关书籍和资料，在此谨向所有相关作者表示诚挚的感谢。由于编者水平有限，书中难免有疏漏之处，敬请各位读者批评指正。

编　者

2022 年 7 月

目　录

项目一　岗位必备知识点

任务一　认知企业基本信息

【目标】了解商品流通企业的概念、特点和主要会计业务。

【内容】商品流通企业的类型和特点、商品流通企业会计核算对象与方法。

【意义】了解商品流通企业的概念和特点，为下一步商品流通企业会计处理做必要准备。

【训练要求】通过实际调查，了解一家商品流通企业的主要经济业务内容。

一、商品流通企业的主要类型和特点

商品流通企业主要通过商品的购进、销售和存储行为实现商品从生产环节到消费环节的流转，是连接生产和消费的纽带。

（一）商品流通企业的主要类型

商品流通企业按其所处的地位和作用不同，分为商品批发企业和商品零售企业。

1. 商品批发企业。商品批发企业是指从生产企业或其他类型企业购进商品，供应给商品零售企业或其他批发企业用以转售，或供应给其他企业用以进一步加工的商品流通企业。商品批发企业处于商品流通的中间环节，是组织大宗商品销售的经济组织。

2. 商品零售企业。商品零售企业是指从商品批发企业或者生产企业购进商品，销售给个人消费者，或销售给企事业单位等用以生产或者非生产消费的商品流通企业。它处于商品流通的终点，直接面向广大消费者。

商品零售企业的种类很多，如眼镜店、家用电器商店、服装店、超市、百货商场等。在实际中，有的商品批发企业还兼营零售业务，也有的零售企业也兼营批发业务，以扩大经营范围。

（二）商品流通企业的特点

1. 以商品的购、销、运、存为基本业务。

2. 对经营的商品基本不进行加工或只进行浅加工。

3. 经营周期短、资金周转快。

这些特点决定了商品流通企业的经营过程主要包括商品采购和商品销售，没有生产过程。

二、商品流通企业会计处理对象与方法

（一）商品流通企业会计处理对象

商品流通企业会计处理对象是商品流通企业的资金运动。商品流通企业的资金运动包括资金的投入、资金的循环和资金的退出三个阶段，如图 1－1 所示。

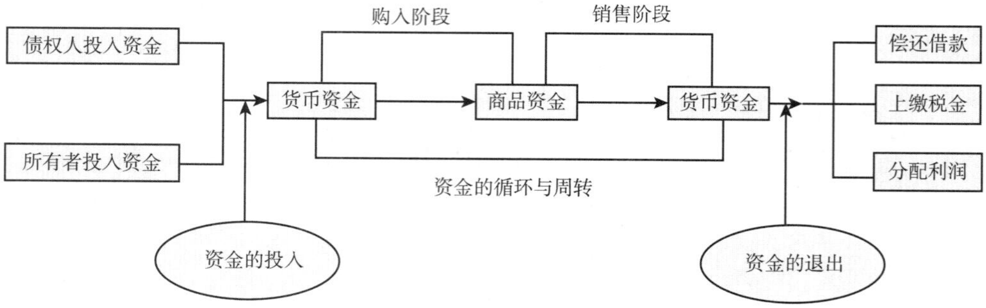

图 1－1　商品流通企业的资金运动

（二）商品流通企业会计处理方法

商品流通企业会计处理方法主要分为进价核算法和售价核算法两种，其中进价核算法又可以分为进价金额核算法和数量进价金额核算法两种，目前进价金额核算法使用较为普遍。

数量进价金额核算法是指库存商品的总分类账户和明细分类账户除均按进价金额反映外，明细分类账户还必须反映商品实物数量的一种方法。采用这种方法，可以根据已销商品的数量，采用“先进先出法”“月末一次加权法”或者“移动加权法”，按进价结转商品销售成本。

数量进价金额核算法有利于加强对库存商品的管理和控制，但记账工作量大，一般适合规模较大、采用信息化手段进行账务处理和库存管理的商品批发企业，也适用于部分专业性零售企业。

三、商品流通企业会计核算的主要内容

商品流通的主要过程包括商品购进、商品运输、商品存储、商品销售四个基本环节。其中，商品购进是商品流通的起点，这个过程就是用货币资金购买商品的过程；商品销售是商品流通的终点，这个过程就是卖掉商品以获得资金的过程。大多数商品在购进和销售之间还存在一个停留状态，即存储。具体来说，商品流通企业的会计核算包括商品购进与付款的核算、商品销售与收款的核算、结转商品销售成本的核算、常见税费的核算、期间费用的核算、职工薪酬的核算、固定资产的核算、长期待摊费用的核算、无形资产的核算、营业外收支的核算等。

任务二　规范财经数字书写

【目标】掌握数字大小写的书写规范，能够正确填写发票、支票及各种相关票据。

【内容】数字的书写与更正是财会专业人员的一项基本技能，也是日常计算和会计核算的一项重要职能。写好数字，看似简单，实际上需要长期不断地训练。写好数字，是财会专业学生的一门重要必修课程，同时也是财会工作人员必备的基本功。

【意义】严谨规范的财经数字书写，具有很重要的现实意义，彰显会计工作的严肃性、规范性和专业性，反映会计工作的质量，体现会计人员的素质。

【训练要求】阿拉伯数字和中文大写数字书写练习。

会计最常用的数字有两种：阿拉伯数字和中文大写数字，阿拉伯数字又称“小写数字”，是世界各国的通用数字，在票据和账表上的书写有一定的格式。中文大写数字以下简称“大写数字”。

一、小写数字书写规定

1. 数字应当一个一个地写，独立成形，不得连笔写，大小匀称，排列整齐。

2. 每个字要紧靠凭证或账表行格底线书写，字体要自右上方斜向左下方书写，倾斜度为45度，字体约占行格高度的1/3，如果行格较低的可占1/2。

3. 阿拉伯数字前应写明币种符号，币种符号与阿拉伯数字金额之间不得留有空白。凡阿拉伯数字前有币种符号的，数字后边不再写金额单位。

4. 以元为单位的阿拉伯数字，除表示单价外一律写到角分；无角分的，角分位写“00”或符号“－”；有角无分的，分位应写“0”，不得写符号“－”。

5. 有圆圈的数字如6、8、9、0等，圆圈必须封口，除“4”“5”以外的数字，必须一笔写成。写6时比一般数字向右上方长出1/4，写7、9时比一般数字下方（过行格底线）长出1/4。

6. 小写数字书写练习

0	1	2	3	4	5	6	7	8	9	0	1	2	3	4	5	6	7	8	9	0	1	2	3	4	5	6	7	8	9	0	1	2	3	4	5	6	7	8	9
0	1	2	3	4	5	6	7	8	9	0	1	2	3	4	5	6	7	8	9	0	1	2	3	4	5	6	7	8	9	0	1	2	3	4	5	6	7	8	9
0	1	2	3	4	5	6	7	8	9	0	1	2	3	4	5	6	7	8	9	0	1	2	3	4	5	6	7	8	9	0	1	2	3	4	5	6	7	8	9
0	1	2	3	4	5	6	7	8	9	0	1	2	3	4	5	6	7	8	9	0	1	2	3	4	5	6	7	8	9	0	1	2	3	4	5	6	7	8	9
0	1	2	3	4	5	6	7	8	9	0	1	2	3	4	5	6	7	8	9	0	1	2	3	4	5	6	7	8	9	0	1	2	3	4	5	6	7	8	9
0	1	2	3	4	5	6	7	8	9	0	1	2	3	4	5	6	7	8	9	0	1	2	3	4	5	6	7	8	9	0	1	2	3	4	5	6	7	8	9
0	1	2	3	4	5	6	7	8	9	0	1	2	3	4	5	6	7	8	9	0	1	2	3	4	5	6	7	8	9	0	1	2	3	4	5	6	7	8	9
0	1	2	3	4	5	6	7	8	9	0	1	2	3	4	5	6	7	8	9	0	1	2	3	4	5	6	7	8	9	0	1	2	3	4	5	6	7	8	9
0	1	2	3	4	5	6	7	8	9	0	1	2	3	4	5	6	7	8	9	0	1	2	3	4	5	6	7	8	9	0	1	2	3	4	5	6	7	8	9

0	1	2	3	4	5	6	7	8	9	0	1	2	3	4	5	6	7	8	9	0	1	2	3	4	5	6	7	8	9	0	1	2	3	4	5	6	7	8	9
0	1	2	3	4	5	6	7	8	9	0	1	2	3	4	5	6	7	8	9	0	1	2	3	4	5	6	7	8	9	0	1	2	3	4	5	6	7	8	9
0	1	2	3	4	5	6	7	8	9	0	1	2	3	4	5	6	7	8	9	0	1	2	3	4	5	6	7	8	9	0	1	2	3	4	5	6	7	8	9
0	1	2	3	4	5	6	7	8	9	0	1	2	3	4	5	6	7	8	9	0	1	2	3	4	5	6	7	8	9	0	1	2	3	4	5	6	7	8	9
0	1	2	3	4	5	6	7	8	9	0	1	2	3	4	5	6	7	8	9	0	1	2	3	4	5	6	7	8	9	0	1	2	3	4	5	6	7	8	9
0	1	2	3	4	5	6	7	8	9	0	1	2	3	4	5	6	7	8	9	0	1	2	3	4	5	6	7	8	9	0	1	2	3	4	5	6	7	8	9
0	1	2	3	4	5	6	7	8	9	0	1	2	3	4	5	6	7	8	9	0	1	2	3	4	5	6	7	8	9	0	1	2	3	4	5	6	7	8	9
0	1	2	3	4	5	6	7	8	9	0	1	2	3	4	5	6	7	8	9	0	1	2	3	4	5	6	7	8	9	0	1	2	3	4	5	6	7	8	9
0	1	2	3	4	5	6	7	8	9	0	1	2	3	4	5	6	7	8	9	0	1	2	3	4	5	6	7	8	9	0	1	2	3	4	5	6	7	8	9

0	1	2	3	4	5	6	7	8	9	0	1	2	3	4	5	6	7	8	9	0	1	2	3	4	5	6	7	8	9	0	1	2	3	4	5	6	7	8	9
0	1	2	3	4	5	6	7	8	9	0	1	2	3	4	5	6	7	8	9	0	1	2	3	4	5	6	7	8	9	0	1	2	3	4	5	6	7	8	9
0	1	2	3	4	5	6	7	8	9	0	1	2	3	4	5	6	7	8	9	0	1	2	3	4	5	6	7	8	9	0	1	2	3	4	5	6	7	8	9
0	1	2	3	4	5	6	7	8	9	0	1	2	3	4	5	6	7	8	9	0	1	2	3	4	5	6	7	8	9	0	1	2	3	4	5	6	7	8	9
0	1	2	3	4	5	6	7	8	9	0	1	2	3	4	5	6	7	8	9	0	1	2	3	4	5	6	7	8	9	0	1	2	3	4	5	6	7	8	9
0	1	2	3	4	5	6	7	8	9	0	1	2	3	4	5	6	7	8	9	0	1	2	3	4	5	6	7	8	9	0	1	2	3	4	5	6	7	8	9
0	1	2	3	4	5	6	7	8	9	0	1	2	3	4	5	6	7	8	9	0	1	2	3	4	5	6	7	8	9	0	1	2	3	4	5	6	7	8	9
0	1	2	3	4	5	6	7	8	9	0	1	2	3	4	5	6	7	8	9	0	1	2	3	4	5	6	7	8	9	0	1	2	3	4	5	6	7	8	9
0	1	2	3	4	5	6	7	8	9	0	1	2	3	4	5	6	7	8	9	0	1	2	3	4	5	6	7	8	9	0	1	2	3	4	5	6	7	8	9

0	1	2	3	4	5	6	7	8	9	0	1	2	3	4	5	6	7	8	9	0	1	2	3	4	5	6	7	8	9	0	1	2	3	4	5	6	7	8	9
0	1	2	3	4	5	6	7	8	9	0	1	2	3	4	5	6	7	8	9	0	1	2	3	4	5	6	7	8	9	0	1	2	3	4	5	6	7	8	9
0	1	2	3	4	5	6	7	8	9	0	1	2	3	4	5	6	7	8	9	0	1	2	3	4	5	6	7	8	9	0	1	2	3	4	5	6	7	8	9
0	1	2	3	4	5	6	7	8	9	0	1	2	3	4	5	6	7	8	9	0	1	2	3	4	5	6	7	8	9	0	1	2	3	4	5	6	7	8	9
0	1	2	3	4	5	6	7	8	9	0	1	2	3	4	5	6	7	8	9	0	1	2	3	4	5	6	7	8	9	0	1	2	3	4	5	6	7	8	9
0	1	2	3	4	5	6	7	8	9	0	1	2	3	4	5	6	7	8	9	0	1	2	3	4	5	6	7	8	9	0	1	2	3	4	5	6	7	8	9
0	1	2	3	4	5	6	7	8	9	0	1	2	3	4	5	6	7	8	9	0	1	2	3	4	5	6	7	8	9	0	1	2	3	4	5	6	7	8	9
0	1	2	3	4	5	6	7	8	9	0	1	2	3	4	5	6	7	8	9	0	1	2	3	4	5	6	7	8	9	0	1	2	3	4	5	6	7	8	9
0	1	2	3	4	5	6	7	8	9	0	1	2	3	4	5	6	7	8	9	0	1	2	3	4	5	6	7	8	9	0	1	2	3	4	5	6	7	8	9

二、大写数字书写要求

中文大写数字笔画多，不易涂改，主要用于填写需要防止涂改的银行结算凭证、销货发票等信用凭证，书写时要工整、清晰、准确、美观，如果写错，要写明“凭证作废”字样，需要重新填写凭证。

1. 大写金额由数字和数位组成。数位主要包括元、角、分和拾、佰、仟、万、亿以及数量单位等。

2. 大写金额前若没有印制“人民币”字样的，书写时，在大写金额前要冠以“人民币”字样。“人民币”与金额首位数字之间不得留有空格，数字之间更不能留存空格，写数字与读数字顺序要一致。

3. 大写金额数字到元或角为止的，在“元”或“角”之后应当写“整”或“正”；大写金额数字有分的，“分”字之后不再写“整”或“正”。例如，68.89 元，写成：人民币陆拾捌元捌角玖分。因其分位有金额，在“分”后不必写“整”字。又如，68.80 元，写成：人民币陆拾捌元捌角整。因其分位没有金额，应在大写金额后加上“整”字结尾。

4. 小写数字中间有“0”时，大写金额要写“零”字；小写数字中间连续有几个“0”时，大写金额只写一个零字。如金额为 600.10 元，应写为：人民币陆佰元零壹角整。表示数字为拾几、拾几万时，大写数字前必须有数字“壹”字，因为“拾”字代表位数，而不是数字。例如 10 元，应写为：壹拾元整。又如 18 元，应写成：壹拾捌元整。

5. 大写数字不能乱用简化字，不能写错别字，如“零”不能用“另”代替，“角”不能用“毛”代替等。

6. 中文大写数字不能用中文小写数字代替，更不能与中文小写数字混合使用。

7. 大写数字书写练习。

壹														
贰														
叁														
肆														
伍														
陆														
柒														
捌														
玖														
拾														
零														
佰														
仟														
万														
亿														
元														
角														
分														
整														

壹														
贰														
叁														
肆														
伍														
陆														
柒														
捌														
玖														
拾														
零														
佰														
仟														
万														
亿														
元														
角														
分														
整														

壹														
贰														
叁														
肆														
伍														
陆														
柒														
捌														
玖														
拾														
零														
佰														
仟														
万														
亿														
元														
角														
分														
整														

壹														
贰														
叁														
肆														
伍														
陆														
柒														
捌														
玖														
拾														
零														
佰														
仟														
万														
亿														
元														
角														
分														
整														

任务三　合同条款审核

【目标】 了解进行合同审核的要点和存在的问题。

【内容】 合同的基本内容，审核合同主要关注哪些条款。

【意义】 合同审核是财务人员把控涉税风险的关键环节。

【训练要求】 了解财务人员审核合同的内容。

一、常见的合同

企业经营过程中常见的合同有：买卖合同、赠与合同、技术合同、借款合同、租赁合同、保管合同、仓储合同、融资租赁合同、建设工程合同、运输合同和委托合同等。

二、合同的主要条款

合同的主要条款包括：当事人、标的、数量、价款、质量、履行期限、地点、方式、违约责任和解决争议的方法等。

三、财务人员审核合同要点

（一）侧重于涉及财务的条款

1. 合同是否符合国家财税法规，合同是否符合企业经营计划，履行该合同能否给企业带来预期利益。

2. 对方主体资格是否合法。

3. 选择对方是否价值最优。

4. 标的、质量、数量、履行期限、地点和方式、违约责任等。

5. 企业内部是否经过相关部门的会签，拟签订合同的人员是否得到适当的授权，合同拟盖公章是否符合企业的规定，是否有签订生效日期。

（二）防范可能存在的财税风险

1. 执行人是否为合同当事人，有无他人代为履行的情况。

2. 履行是否与合同约定一致，是否按照合同约定行使权利和承担义务。

3. 支付费用时是否按合同的约定已验收、取得发票。

（三）维护公司的经济利益

1. 如果合同存在变更，那么合同的变更理由是否充分，变更条款是否真实、完整，已履行部分、变更部分要明确。

2. 合同如果终止，终止的原因及程序是否符合合规性要求。已履行的合同部分是返还或继续有效；未履行的终止，已履行部分是否根据履行情况和合同性质，要求对方恢复原状、采取其他补救措施和赔偿损失。

四、合同审核中常见的问题

（一）合同主体资格

1. 自然人、职能部门、未办理营业执照的分支机构或直属机构，缺乏履约能力。

2. 核实名称、姓名与住址。

3. 审查对方当事人的主体资格、资信能力、履约能力。

4. 由授权代理人签字的，应查验是否有授权文件，是否超越代理权或代理权过期。

5. 公司名称与印章要一致，公章、合同专用章有效，财务专用章、部门章、法人代表人章无效，如双方不能同时盖章，应争取对方先盖章。

（二）合同标的

合同标的应具有唯一性、准确性。自产产品名称、规格型号按照企业标准执行，如软件著作权名称的完整。产品的名称（注明牌号和商标）、品种、型号、规格、等级、花色等，产品数量和计量单位，实际交付的标的与合同约定的标的须相符。

（三）合同金额

1. 金额准确，是否有金额上限；正文金额与附件明细合计一致；大小写金额相同；分期付款的金额计算是否准确；双方商谈为税后金额的，要考虑含税总成本。

2. 所有大写金额前须加上币种（如人民币），小写金额前需加上币种符号（如￥1,234,567.89元）。

3. 审查采购价格是否合理（要考虑性价比，价格不是唯一因素）。

4. 货物运抵现场可能支付的其他支出。

5. 产品寿命期可能投入的运营、维修等费用。

6. 质保金比例是否符合行业规定。

（四）结算条款

1. 给客户的账期是否符合企业信用管理规定；预付款、付款进度、验收款是否符合管理要求。

2. 结算方式（如银行转账、汇票等）是否符合企业相关规定；明确不能现金支付，结算依据是否符合会计核算要求（如到货验收后付款，是否有验收单）。

3. 支付期限应有确切日期或约定在达到一定条件后多少日内支付；约定的付款时限是否具有操作性。

4. 采用商业折扣的要明确折扣前价款；采用现金折扣的，要考虑资金成本，商品质量等折让对跨期发票的处理。

（五）发票和涉税相关条款

1. 含税与不含税价款，支付为不含税，应考虑承担的税费，写明含税及不含税价，避免以后的争议，且避免多交印花税。

2. 先开发票后收款的法律风险：发票作为已付款的法律依据（可以在合同约定：收到的发票不作为货款支付的依据），发票签收时应备注付款说明（货款尚未支付），特别注意对方格式合同的情况。

3. 与自然人或者非居民签订的经济合同，需要代扣税费。

任务四　常用会计科目介绍

【目标】 掌握会计科目的概念、分类，熟悉会计科目的设置原则及常用会计科目。

【内容】 按会计要素对会计科目进行分类是其基本分类之一。会计科目分为资产类科目、负债类科目、共同类科目、所有者权益类科目、成本类科目和损益类科目计六大类。

【意义】 会计科目是填写记账凭证的基础，在使用会计科目时既要注意会计准则的规范，也要符合其他相关规定的要求，同时还要满足企业内部管理的需求。

【训练要求】 梳理常用科目形成表格便于后续业务处理。

一、库存现金

（一）科目设置

会计科目中的“现金”又称“库存现金”，科目代码“1001”，属于资产类科目，是指存放在企业并由出纳人员保管的现钞，包括库存的人民币和各种外币。现金是流动性最大的一种货币资金，它可以随时用以购买所需物资，支付日常零星开支，偿还债务等。

在这里的“现金”一词，仅包括狭义现金，即由企业出纳员保管作为零星业务开支之用的库存的硬币、纸币。不包括视同现金的各种银行存款、流通证券等。

（二）账务核算

企业增加库存现金，借记本科目，贷记“银行存款”等科目；减少库存现金做相反的会计分录。企业应当设置“现金日记账”，根据收付款凭证，按照业务发生顺序逐笔登记。每日终了，应当计算当日的现金收入合计额、现金支出合计额和结余额，将结余额与实际库存额核对，做到账款相符。“库存现金”科目期末为借方余额，反映企业持有的库存现金。

（三）相关规定

1. 现金日常管理规定：

（1）一个单位在几家银行开户的，由一家开户银行核定开户单位库存现金限额。

（2）一切现金收入必须当天入账，当天送存银行，如收进的现金是银行当天停止收款以后发生的，也应在第二天送存银行。

（3）钱账分管，即管钱的不管账，管账的不管钱。

（4）日清月结，日清月结是出纳员办理现金出纳工作的基本原则和要求。

（5）企业不准利用银行存款账户代其他单位、个人存入或支取现金。

2. 现金的使用范围：

（1）职工工资、津贴。

（2）个人劳务报酬。

（3）根据国家规定颁发给个人的科学技术、文化艺术、体育等各种奖金。

（4）各种劳保、福利费用以及国家规定的对个人的其他支出。

（5）向个人收购农副产品和其他物资的价款。

（6）出差人员必须随身携带的差旅费。

（7）结算起点以下的零星支出。

（8）中国人民银行确定需要支付现金的其他支出。

3. 现金管理的八不准：

（1）不准用不符合财务制度的凭证顶替库存现金（白条）。

（2）不准单位之间相互借用现金。

（3）不准谎报用途套取现金。

（4）不准利用银行账户代其他单位和个人存入或支取现金。

（5）不准将单位收入的现金以个人名义存入储蓄。

（6）不准保留账外公款（即小金库）。

（7）不准发行变相货币。

（8）不准以任何票券代替人民币在市场上流通。

二、银行存款

（一）科目设置

会计科目中的“银行存款”，科目代码“1002”，属于资产类科目，转账、支票、委托收款、汇兑、网上支付，都要通过“银行存款”来核算。

（二）账务核算

“银行存款”科目的借方反映企业存款的增加，贷方反映企业存款的减少，期末借方余额，反映企业期末存款的余额。企业应严格按照制度的规定进行核算和管理，企业将款项存入银行或其他金融机构，借记“银行存款”科目，贷记“库存现金”等有关科目；提取和支出存款时，借记“库存现金”等有关科目，贷记“银行存款”科目。

（三）相关规定

每个月月末，企业账面银行存款余额与银行对账单余额之间如有差额，会计人员必须逐笔查明原因进行处理，同时编制银行存款余额调节表，但银行存款余额调节表不可以作为记账依据。

三、应收账款

（一）科目设置

会计科目中的“应收账款”，科目代码“1122”，属于资产类科目，主要包括企业销售商品或提供劳务等应向有关债务人收取的价款及代购货单位垫付的包装费、运杂费等。

（二）账务核算

“应收账款”，按应收金额，借记本科目，按照实现的营业收入，贷记“主营业务收入”等，按专用发票上注明的增值税，贷记“应交税费——应交增值税（销项税额）”科目；收回应收账款时，借记“银行存款”等科目，贷记本科目。

本科目的二级科目通常按地区分类，三级科目按客户分类设置。

本科目不包括应收职工欠款、应收债务人的利息、长期债权，也不包括本公司付出的各类存出保证金，如投标保证金和租入包装物保证金等。

四、其他应收款

（一）科目设置

会计科目中的“其他应收款”，科目代码“1231”，属于资产类科目，其他应收款是指企业除买入返售金融资产、应收票据、应收账款、预付账款、应收股利、应收利息、应收代位追偿款、应收分保账款、应收分保合同准备金、长期应收款等以外的其他各种应收及暂付款项。

其他应收款主要包括：（1）应收的各种赔款、罚款。如因企业财产等遭受意外损失而应向有关保险公司收取的赔款等。（2）应收出租包装物租金。（3）应向职工收取的各种垫付款项，如为职工垫付的水电费、应由职工负担的医药费、房租费等。（4）存出保证金，如租入包装物支付的押金。(5) 其他各种应收、暂付款项。

（二）账务核算

企业发生其他各种应收、暂付款项时，借记本科目，贷记有关科目；收回或转销各种款项时，借记“库存现金”“银行存款”“赔付成本”等科目，贷记本科目。

五、库存商品

（一）科目设置

会计科目中的“库存商品”，科目代码“1405”，属于资产类科目，本科目是核算可以作为商品对外销售的产品以及外购或委托加工完成验收入库用于销售的各种商品。

存货是资产负债表中的一个项目，包括各种材料、商品、在产品、半成品、包装物、低值易耗品、分期收款发出商品、委托代销商品、受托代销商品等。本项目应根据“物资采购”“原材料”“低值易耗品”“自制半成品”“库存商品”“包装物”“分期收款发出商品”“委托加工物资”“委托代销商品”“受托代销商品”“生产成本”“代销商品款”等科目的期末余额合计，减去“存货跌价准备”科目期末余额后的金额填列。“库存商品”包含在存货项目中的，与本科目相邻的几个科目有1401——“材料采购”、1402——“在途物资”、1403——“原材料”、1404——“材料成本差异”、1406——“发出商品”、1407——“商品进销差价”和1408——“委托加工物资”，根据企业的规模、性质和管理需要等分别使用。

（二）账务核算

“库存商品”的明细账有二级类目账和三级明细账。通常需设置三级账，但如果企业管理没有问题或是仓库管理较强，那么只做二级类目账（也就是“归大类”）亦可。对于库存商品繁多的企业，建议使用专业软件。例如：库存商品：“钢材”（总分类账）—“钢板”（二级账）—200mmQ235 钢板（明细账）。“库存商品”的二级、三级明细科目及以下参考仓库三级账进行设置，具体设置到第几级明细科目，要同时考虑企业的管理要求、软件配置、商品各种类的数量多少等综合平衡。

根据《所得税法实施细则》第七十三条规定：企业使用或者销售存货的成本计算方法，可以在先进先出法、加权平均法、个别计价法中选用一种。计价方法一经选用，不得随意变更。目前可以选择的税法规定的只有上述三种方法进行成本结转。

购入商品采用进价核算的，在商品到达验收入库后，按商品进价，借记“库存商品”科目，贷记“银行存款”“在途物资”等科目。委托外单位加工收回的商品，按商品进价，借记“库存商品”科目，贷记“委托加工物资”科目。

购入商品采用售价核算的，在商品到达验收入库后，按商品售价，借记“库存商品”科目，按商品进价，贷记“银行存款”“在途物资”等科目，按商品售价与进价的差额，贷记“商品进销差价”科目。委托外单位加工收回的商品，按商品售价，借记“库存商品”科目，按委托加工商品的账面金额，贷记“委托加工物资”科目，按商品售价与进价的差额，贷记“商品进销差价”科目。

本科目期末余额在借方，反映企业期末库存的各种商品的成本。

商品进销差价率 = 期末分摊前本科目余额 ÷（“库存商品”科目期末余额 +“委托代销商品”科目期末余额 +“发出商品”科目期末余额 + 本期“主营业务收入”科目贷方发生额）×100%

本期销售商品应分摊的商品进销差价 = 本期“主营业务收入”科目贷方发生额 × 商品进销差价率

［例］某商场2020年5月期初库存商品的进价成本为110,000元，售价总额为120,000元，本月购进该商品的进价成本为70,000元，售价总额为80,000元，本月销售收入为130,000元（以上均为不含税价）。有关计算如下：

$$进销差价率=\frac{(120,000-110,000)+(80,000-70,000)}{120,000+80,000}\times100\%=10\%$$

已销商品应分摊的进销差价 = 130,000 × 10% = 13,000（元）

本期销售商品的实际成本 = 130,000 − 13,000 = 117,000（元）

期末结存商品的实际成本 = 110,000 + 70,000 − 117,000 = 63,000（元）

有关会计处理如下：

1. 购入商品时：

借：商品采购	70,000	
应交税金——应交增值税（进项税额）	9,100	
贷：银行存款		79,100
借：库存商品	80,000	
贷：商品采购		70,000
商品进销差价		10,000

2. 发出存货时：

A. 收到销售收入时：

借：银行存款	146,900	
贷：主营业务收入		130,000
应交税金——应交增值税（销项税额）		16,900

B. 结转销售成本时：

借：主营业务成本	130,000	
贷：库存商品		130,000
借：商品进销差价	13,000	
贷：主营业务成本		13,000

六、固定资产

（一）科目设置

会计科目中的“固定资产”，科目代码“1601”，属于资产类科目，本科目核算企业持有固定资产的原价。

企业以经营租赁方式租入的固定资产发生的改良支出，应在本科目设置“经营租入固定资产改良”明细科目进行核算。

企业融资租入的固定资产，应在本科目设置“融资租入固定资产”明细科目进行核算。

（二）账务核算

企业购入不需要安装的固定资产，按应计入固定资产成本的金额，借记本科目，贷记“银行存款”“其他应付款”“应付票据”等科目。

购入需要安装的固定资产，先记入“在建工程”科目，安装完毕交付使用时再转入本科目。已达到预定可使用状态但尚未办理竣工决算手续的固定资产，可先按估计价值记账，待确定实际价值后再进行调整。

融资租入的固定资产，在租赁期开始日，应按租赁准则确定的应计入固定资产成本的金额，借记本科目或“在建工程”科目，按最低租赁付款额，贷记“长期应付款”科目，按发生的初始直接费用，贷记“银行存款”等科目，按其差额，借记“未确认融资费用”科目。租赁期届满，企业取得该项固定资产所有权的，应将该项固定资产从“融资租入固定资产”明细科目转入有关明细科目。

七、累计折旧

（一）科目设置

会计科目中的“累计折旧”，科目代码“1602”，属于资产类科目，本科目核算企业对固定资产计提的累计折旧。

（二）账务核算

企业按月计提固定资产折旧，借记“制造费用”“销售费用”“管理费用”“其他业务支出”“研发支出”等科目，贷记本科目。

八、应付账款

（一）科目设置

会计科目中的“应付账款”，科目代码“2202”，属于负债类科目，本科目核算企业因购买材料、商品和接受劳务供应等经营活动应支付的款项。

（二）账务核算

企业购入材料、商品等验收入库，但货款尚未支付，根据有关凭证（发票账单、随货同行发票上记载的实际价款或暂估价值），借记“物资采购”“在途物资”等科目，按可抵扣的增值税额，借记“应交税费——应交增值税（进项税额）”等科目，按应付的价款，贷记本科目。

接受供应单位提供劳务而发生的应付未付款项，根据供应单位的发票账单，借记“生产成本”“管理费用”等科目，贷记本科目。支付时，借记本科目，贷记“银行存款”等科目。

九、其他应付款

（一）科目设置

会计科目中的“其他应付款”，科目代码“2241”，属于负债类科目，本科目核算企业除应付票据、应付账款、预收账款、应付职工薪酬、应付股利、应付利息、应交税费、长期应付款等经营活动以外的其他各项应付、暂收的款项。

（二）账务核算

企业发生其他各种应付、暂收款项时，借记“银行存款”“管理费用”等科目，贷记本科目；支付的其他各种应付、暂收款项，借记本科目，贷记“银行存款”等科目。

十、应付职工薪酬

（一）科目设置

会计科目中的“应付职工薪酬”，科目代码“2211”，属于负债类科目，本科目核算企业根据有关规定应付给职工的各种薪酬。

本科目应当设置二级科目“工资”“职工福利”“社会保险费”“住房公积金”“工会经费”“职工教育经费”“解除职工劳动关系补偿”等应付职工薪酬项目进行明细核算。

（二）账务核算

企业按照有关规定向职工支付工资、奖金、津贴等，借记本科目，贷记“银行存款”“库存现金”等科目。企业从应付职工薪酬中扣还的各种款项（代垫的家属药费、个人所得税、水电费等），贷记“其他应收款”“应交税费——应交个人所得税”等科目。

企业向职工支付职工福利费，借记本科目，贷记“银行存款”“库存现金”科目。

企业支付工会经费和职工教育经费用于工会运作和职工培训，借记本科目，贷记“银行存款”等科目。

企业按照国家有关规定缴纳社会保险费和住房公积金，借记本科目，贷记“银行存款”科目。

企业因解除与职工的劳动关系向职工给予的补偿，借记本科目，贷记“银行存款”“库存现金”等科目。

月末，企业应当根据职工提供服务的受益对象，将发生的职工薪酬分别结转到成本和费用中。借记“生产成本”“制造费用”“劳务成本”“管理费用”“销售费用”“在建工程”“研发支出”科目，贷记本科目。

（三）职工福利费的相关规定

职工福利费，是指企业为职工提供的除职工工资、奖金、津贴、纳入工资总额管理的补贴、职工教育经费、社会保险费和补充养老保险费（年金）、补充医疗保险费及住房公积金以外的福利待遇支出。企业所得税中允许扣除比例为工资总额的14%。

1. 职工福利费开支范围：

（1）职工医药费。

（2）职工的生活困难补助。是指对生活困难的职工实际支付的定期补助和临时性补助。包括因公或非因工负伤、残废需要的生活补助。

（3）职工及其供养直系亲属的死亡待遇。

（4）集体福利的补贴。包括职工浴室、理发室、洗衣房、哺乳室、托儿所等集体福利设施支出与收入相抵后的差额的补助，以及未设托儿所的托儿费补助和发给职工的修理费等。

（5）其他福利待遇。主要是指上下班交通补贴、计划生育补助、住院伙食费等方面的福利费开支。

2. 不属于职工福利费的开支：

（1）退休职工的费用。

（2）被辞退职工的补偿金。

（3）职工劳动保护费。

（4）职工在病假、生育假、探亲假期间领取的补助。

（5）职工的学习费。

（6）职工的伙食补助费（包括职工在企业的午餐补助和出差期间的伙食补助）。企业给职工发放的节日补助、未统一供餐而按月发放的午餐费补贴，应当纳入工资总额管理。

（四）职工教育经费的相关规定

职工教育经费，是指企业按工资总额的一定比例提取用于职工教育事业的一项费用，是企业为职工学习先进技术和提高文化水平而支付的费用。企业所得税中允许扣除比例为工资总额的8%，超过部分，准予在以后纳税年度结转扣除。

企业组织的职工外送培训的经费支出，很多企业认为只有教育报班的费用是属于职工教育经费，但其实如异地的培训所涉及的来回交通费、住宿费、餐费等都可以计入职工教育经费。

职工参加学历教育、学位教育的学费，不得计入教育经费，也不得在税前扣除。

1. 企业职工教育培训经费列支范围包括：

（1）上岗和转岗培训。

（2）各类岗位适应性培训。

（3）岗位培训、职业技术等级培训、高技能人才培训。

（4）专业技术人员继续教育。

（5）特种作业人员培训。

（6）企业组织的职工外送培训的经费支出。

（7）职工参加的职业技能鉴定、职业资格认证等经费支出。

（8）购置教学设备与设施。

（9）职工岗位自学成才奖励费用。

（10）职工教育培训管理费用。

（11）有关职工教育的其他开支。

2. 不属于职工教育经费的开支：

（1）专职教职员工的工资和各项劳保、福利、奖金等，以及按规定发给脱产学习的学员工资，不包括在职工教育经费以内，由本人所在单位按规定开支。

（2）学员学习用的教科书，参考资料、计算尺（器）、小件绘图仪器（如量角器、三角板、圆规等）和笔墨、纸张等其他学习用品，应由学员个人自理，不得在职工教育经费中开支。

（3）举办职工教育所必需购置的设备，凡符合固定资产标准的，按规定分别在基建投资或企业更新改造资金、行政、事业费中开支，不列入职工教育经费。

（4）举办职工教育所需的教室、校舍、教育基地，应按因陋就简的原则，尽量在现有房屋中调剂解决。必须新建的，老企业可在企业更新改造资金中安排解决，行政、事业单位在基本建设投资中开支。新建单位在设计时就要考虑职工教育必要的设施，所需资金在新建项目的总投资之内解决。

十一、应交税费

（一）科目设置

会计科目中的“应交税费”，科目代码“2221”，属于负债类科目，本科目核算企业按照税法规定计算应交纳的各种税费，包括增值税、消费税、企业所得税、资源税、土地增值税、城市维护建设税、房产税、土地使用税、车船使用税、印花税、教育费附加、矿产资源补偿费等。

企业代扣代缴的个人所得税，也通过本科目核算。

（二）账务核算

增值税一般纳税人应当在“应交税费”科目下设置二级科目：“应交增值税”“未交增值税”“预交增值税”“待抵扣进项税额”“待认证进项税额”“待转销项税额”“增值税留抵税额”“简易计税”“转让金融商品应交增值税”“代扣代交增值税”等明细科目。

增值税一般纳税人应在“应交增值税”明细账内设置三级科目“进项税额”“销项税额抵减”“已交税金”“转出未交增值税”“减免税款”“出口抵减内销产品应纳税额”“销项税额”“出口退税”“进项税额转出”“转出多交增值税”等。

十二、销售费用

（一）科目设置

会计科目中的“销售费用”，科目代码“6601”，属于损益类科目，本科目核算企业销售商品和材料、提供劳务的过程中发生的各种费用，包括保险费、包装费、展览费和广告费、商品维修费、预计产品质量保证损失、运输费、装卸费等以及为销售本企业商品而专设的销售机构（含销售网点、售后服务网点等）的职工薪酬、业务费、折旧费等经营费用。

（二）账务核算

企业在销售商品过程中发生的包装费、保险费、展览费和广告费、运输费、装卸费等费用，借记本科目，贷记“库存现金”“银行存款”科目。

企业发生的为销售本企业商品而专设的销售机构的职工薪酬、业务费等经营费用，借记本科目，贷记“应付职工薪酬”“银行存款”“累计折旧”等科目。

期末，应将本科目余额转入“本年利润”科目，结转后本科目应无余额。

十三、管理费用

（一）科目设置

会计科目中的“管理费用”，科目代码“6602”，属于损益类科目，本科目核算企业为组织和管理企业生产经营所发生的管理费用，包括企业的董事会和行政管理部门在企业的经营管理中发生的或者应由企业统一负担的公司经费（包括行政管理部门职工薪酬、修理费、物料消耗、低值易耗品摊销、办公费和差旅费等）、工会经费、董事会费（包括董事会成员津贴、会议费和差旅费等）、聘请中介机构费、咨询费（含顾问费）、诉讼费、业务招待费、技术转让费、矿产资源补偿费、研究费用、排污费等。

企业与固定资产有关的后续支出，包括固定资产发生的日常修理费、大修理费用、更新改造支出、房屋的装修费用等，没有满足固定资产准则规定的固定资产确认条件的，也在本科目核算。

（二）账务核算

企业在筹建期间内发生的开办费，包括人员工资、办公费、培训费、差旅费、印刷费、注册登记费以及不计入固定资产价值的借款费用等，借记本科目，贷记“银行存款”。

发放行政管理部门人员的职工薪酬，借记本科目，贷记“应付职工薪酬”科目。

行政管理部门使用的固定资产折旧，借记本科目，贷记“累计折旧”科目。

行政管理部门发生的办公费、修理费、水电费、业务招待费、聘请中介机构费、咨询费、诉讼费、技术转让费、研究费用时，借记本科目，贷记“银行存款”等科目。

期末，应将本科目的余额转入“本年利润”科目，结转后本科目应无余额。

（三）管理费用的相关规定

1. 业务招待费，按照发生额的60%扣除，但最高不得超过当年营业收入的5‰。业务招待费用只能在“管理费用”科目进行归集，如果不按规定而将属于业务招待费性质的支出隐藏在其他科目，不允许税前扣除。

业务招待费仅限于与企业生产经营活动有关的招待支出，与企业生产经营活动无关的职工福利、职工奖励、为企业销售产品而产生的佣金以及支付给个人的劳务支出都不得列支招待费。

业务招待费超支问题，属于计算交纳企业所得税时确定应税所得额时的一个概念，对其的调整只是依照税法的规定，以会计利润为基础进行纳税调整而已，不属于会计处理范围，因此其并不需要调整企业会计账簿和会计报表。

税务实践中，招待费具体支付范围如下：

（1）因企业生产经营需要而宴请或工作餐的开支。

（2）因企业生产经营需要赠送纪念品的开支。

（3）因企业生产经营需要而发生的旅游景点参观费和交通费及其他的开支。

（4）因企业生产经营需要而发生的业务关系人员的差旅费开支。

2. 企业发生的与其经营活动有关的差旅费、会议费、董事费，能够提供证明其真实性的合法凭证，才可以在企业所得税税前扣除。

任务五　企业财务制度建设

【目标】了解企业财务制度的重要性。

【内容】介绍企业财务制度的主要内容。

【意义】财务制度是企业制度中最为关键的制度之一。

【训练要求】查阅一家企业财务制度内容，重点了解程序合规性。

一、现状

财务管理观念滞后，多数中小企业重业务轻财务，存在着企业效益是业务做出来的狭隘认识，使财务管理在企业发展中发挥不了作用，相应的财务制度不健全，绝大多数中小企业缺乏相应的财务制度和财务管理机构，将企业财务全权委托给血缘较近的亲属办理，忽视了财务制度和财务管理工作在企业发展中的重要作用。

二、财务制度的内容和作用

建立财务制度，使财务工作规范化，保证企业正确核算经营成果，合理分配利润，有利于保护投资者和债权人的利益，促进财务管理的有效性、规范性，促进财务管理目标的实现。财务制度是实现企业目标的财务保证和基础保障。

（一）财务制度的内容

财务制度涉及的内容一般包括资金、应收款项、存货、长期投资、固定资产、税务、成本费用、财务分析和对子公司的财务控制措施。

财务制度的条款一般具有详细的操作程序和规范性要求，在条款中不但有表格规定，也有文字填写要求和审批流程。

财务制度的常见条款是规定账务组织机构、人员、职责的条款，这类条款通常包括人员岗位的职责、要求和任命的权利，如下示例：

［**例5－1**］财务管理组织机构的相关要求。

1. 集团公司实行统一领导、分级管理的内部财会管理体制。

2. 集团公司的分公司及其所属子公司下属的分公司，具有企业法人资格，应配备专职的财务人员。

3. 企业法人代表在财务会计管理上的主要责任。

4. 企业财务负责人在财务会计管理上的权责。

5. 集团公司董事会可视实际情况决定直接聘任或解聘所属分公司和全资子公司的财务总监、财会机构负责人。

6. 财会人员调动工作或因故离职，必须与接替人员办理交接手续；没有办清交接手续的，不得离职，也不得中断会计工作。

7. 被撤销、合并单位的财会人员，必须会同有关人员编制财产、资金、债权、债务移交清单，办理交接手续。

具体业务内容的规定，不但包括规定性条文，还有审批流程、表格模板等具体业务的详细操作规范，财务人员和经办人员可以按制度规定操作，达到标准化管理的要求。如下示例：

［例 5 -2］ 货币资金及结算资金的管理。

1. 库存现金的管理

（1）现金出纳必须做到日清月结，随时清点库存现金。不得挪用现金和以白条抵库，财务部领导及有关人员必须定期或不定期地对库存现金进行抽查，以保证账实相符。

（2）出纳人员到银行提取现金，必须同时有两个人前往办理。

（3）现金的支出必须由财务部总监（经理）签字方可付款，财务部总监（经理）短暂离岗，则由财务部总监（经理）书面委托人签字。

（4）差旅费的借款，必须由出差人员填写借款申请单，写明出差时间、地点、申请金额［按“车费 +（住宿费 + 生活补助）× 出差天数”计算申请借款金额］，按借款审批程序审批，经财务部总监（经理）核准签字后，方可按集团公司规定借款。出差人员回企业后必须在一周内报销清账，不报销者由财务人员从工资中扣回。

（5）其他借款，由借款人填写申请单，经公司经理级以上领导签字，并由签字人负责此款的归还，如不能按期归还或出现损失，全部责任由签字人负责。

借款申请单

年　月　日

部门		借款人	
借款金额（小写）			
付款方式	现金	万　仟　佰　拾　元　角　分	
	支票	万　仟　佰　拾　元　角　分	
	银行汇款	万　仟　佰　拾　元　角　分	
借款用途			
主管领导批准	分管领导批准	部门主管批准	财务部主管签字
年　月　日	年　月　日	年　月　日	年　月　日
备注			

（6）公司固定资产、办公用品、劳保、福利及其他工作用品必须采取转账结算方式，不得使用现金。

（7）日常零星开支所需库存现金限额为 2,000 元。超额部分应存入银行。

（8）出纳人员不得兼管稽核、会计档案保管和收入、费用、债权和债务账目的登记工作。

2. 银行支票的使用规定

（1）业务人员到财会机构领用银行支票，必须凭付款审批单，经主管领导及经办人签字，写明用途、金额、日期。

（2）会计人员出单后，出纳才能签发银行支票，同时要求业务人员在银行支票使用簿上签字，登记银行支票号码、金额、收款人。

（3）签发银行支票必须按照要求填上日期、大小写金额、收款人、用途等，不得签发空白支票、空头支票。如特殊情况需签发空白支票，必须在小写金额栏币位上写上“￥”。

（4）支票用于转账的，必须在支票左上角划两条斜线。

（5）业务人员收到支票应到财会机构办理入账手续，一般应先确认收到款项后，才发货或提供劳务。

（6）借出支票后，必须在十日内报销清账，不得转借他人使用。因特殊原因不能在规定期限内报账的，应到财务部说明原因，限定报账时间，否则前账不清，后账不借。

（7）支票报销是必须附发票、入库单，对于分期付货款的，必须按每次付货款金额开具发票方可报销。

［例5－3］ 业务招待费报销单填写要求。

1. 业务招待费报销只限于餐饮和住宿，必须取得正规的餐饮服务业和旅店住宿业的发票，发票名称为公司名称全称，不得为个人；发票内容为“餐费”或“住宿费”，不得开成“会议费”，同时要取得餐费及住宿费的明细，否则财务有权拒绝报销。

2. 发票单位为休闲娱乐（如洗浴中心、歌舞厅、按摩中心、夜总会等）场所，发票内容为礼品、茶叶、烟、酒及高档消费品的，一律不予报销。

3. 业务招待费报销按次数分开，每张业务招待费申请表只能用于当次报销，严禁混合报销（几次业务一起报销）。严禁将其他发票（如个人消费）掺杂报销，一经核实，当次业务招待费不予报销，财务人员有权上报主管领导进行处理。

4. 经办人员对所取得的发票真伪负全责，报销前必须进行真伪检验，并在报销单备注栏签署：“发票已检验，为真发票”，并签名、填写日期。

5. 业务招待费报销必须向财务提供业务招待费申请表。

业务招待费申请单

<table>
<tr><td>日　　期</td><td></td><td colspan="2">经办人</td><td colspan="2"></td></tr>
<tr><td>开支标准</td><td></td><td>支票</td><td></td><td>现金</td><td></td></tr>
<tr><td>来宾人数</td><td></td><td colspan="2">陪同人数</td><td colspan="2"></td></tr>
<tr><td colspan="6">事由：</td></tr>
<tr><td colspan="6">部门领导：　　分管领导：　　主管领导：
年　月　日</td></tr>
</table>

6. 业务招待费报销流程：经办人填写业务招待费申请表→部门主管审批→分管领导审批→主管领导审批→到财务借支备用金或垫款业务招待→财务部报销。

7. 各单位要严格控制招待费支出，有计划、有侧重地进行业务招待，严禁以公司名义报销个人消费的行为。

报销部门：分部门报销。

单据及附件张数：计算准确，不要遗漏。

用途栏填写：除业务招待费外需简述费用内容或事由（××工程、××广告、××办公等）和付款次数（首付款、第二次付款……最后一次付款，一次性的费用可不填写），如需特别注明的请在备注栏填写。

业务招待费统一在用途栏填写“业务招待费”，在备注栏里用铅笔将招待时间、招待人员等写清楚。

报销单格式如下：

费 用 报 销 单

报销部门： 年 月 日填 单据及附件共 ______ 页

<table>
<tr><td>用 途</td><td>金 额（元）</td><td rowspan="4">备注</td><td rowspan="4"></td></tr>
<tr><td></td><td></td></tr>
<tr><td></td><td></td></tr>
<tr><td></td><td></td></tr>
<tr><td>合 计</td><td></td><td>领导审批</td><td></td></tr>
<tr><td colspan="2">金额大写： 万 仟 佰 拾 元 角 分</td><td colspan="2">原借款： 元</td><td>应退余款： 元</td></tr>
</table>

会计主管 复核 出纳 报销人 领款人

8. 书写要求：用黑色碳素笔书写工整，不得用圆珠笔、铅笔及红笔等书写。

小写金额：金额之前需画上“¥”符号，注意大小写金额一致，并以票面实际金额为准。

大写金额：数字之前为零的需划上“⊗”，数字之后为零的需要填写“零”。

[例5-4] 固定资产核算制度，不但要有确认入账要求、划分标准，还应有后续管理规定等。

1. 企业的单价2,000元以上、使用年限1年以上的资产，非生产用使用年限2年以上的资产为固定资产，分为5大类：

（1）房屋及建筑物；

（2）机械设备；

（3）电子设备（如计算机、复印机）；

（4）运输工具；

（5）其他设备。

2. 各类固定资产折旧年限为：

（1）房屋及建筑物35年，年折旧率2.71%；

（2）机械设备10年，年折旧率9.5%；

（3）电子设备5年，年折旧率19%；

（4）运输工具8年，年折旧率11.88%；

（5）其他设备5年，年折旧率19%。

固定资产以计留5%残值提取折旧，固定资产提完折旧还可继续使用的，不再计提折旧；提前报废的固定资产要提足折旧。凡按规定可以选用加速折旧法的，应加速折旧。

3. 财务部按固定资产的类型建立固定资产明细账，按使用单位建立固定资产卡片。财务部固定资产明细账、物资管理部门的固定资产台账与固定资产台账应相符。企业对固定资产的购入、出售、清理、报废及内部转移等都要办理会计手续。

4. 购入的固定资产，以购入价加由企业负担的运输、装卸、安装调试、保险等费用计价，国外购入的还应包括关税；自建（制）的固定资产，应按建造过程中的实际净支出计价；投资者投入的固定资产应按投资协议约定的价格为原价。自建（制）的固定资产应及时办理竣工结算手续。

5. 固定资产必须每年盘点一次，对盘盈、盘亏、报废及固定资产计价，必须严格审查，按规定经批准后，于年度决算时处理完毕。

盘盈的固定资产，以重置价为原价，按新旧的程度估算累计折旧入账，原价减累计折旧后的差额入营业外收入。

盘亏的固定资产，应冲减原价和累计折旧，原价减累计折旧后的差额作营业外支出。

报废的固定资产经清理后的净收益入营业外收入，净损失作营业外支出处理。

6. 固定资产报废必须由使用部门提出申请，报经本级主管领导研究核实后，对造成报废的原因进行分析明确责任，对由于使用不当造成报废的，应由责任人按该固定资产损失额的 20% ~100% 承担赔付责任。

7. 固定资产修理分日常修理和大修理，大修理应按规定间隔期进行，对于金额较大的实行预提大修理办法。

8. 闲置固定资产应定期向集团公司设备管理部门报告，由集团公司实行有偿统一划拨。

（二）财务制度的作用

规范的财务制度，对于财务人员和一般员工具有正面引导和教育的作用，财务制度能在财务人员的工作过程中起指引和约束作用。对于一般员工而言，财务制度可以规定和教育员工按财务制度办理业务，可以使员工能够预测到自己的业务行为和后果，防止出现不良行为，激励其工作积极性。

同时，规范的财务制度可以防患于未然和提供处理争议的制度证据。在企业的经营过程中，规范的财务制度可以维护正常的生产经营和工作秩序。如，劳动法规中一般仅涉及假期的种类，对于各类假期的请假条件、手续和福利待遇通常没有详细约定，这就需要企业在制度中进行详细的规定，以避免不必要的纠纷。当纠纷无法协调诉诸法律时，企业的制度也是裁判的依据之一。

任务六　商品流通企业涉税知识

【目标】 了解企业应该缴纳哪些税，应该如何计算并缴纳。

【内容】 税种认知、纳税申报、发票领用及开具、汇算清缴等。

【意义】税务无小事。业务合同、不规范的发票、不适当的会计处理等，无论金额大小都有可能让企业掉进泥潭。

【训练】

1. 统计文中新设立的企业涉及的税种数量。

2. 思考：从房东处租到的房产再高价转租出去的房产税怎样计算（从高或从低）?

3. 个人所得税的扣除项目有哪些？其他扣除具体有什么？

一、税种认知

目前，我国共有18个税种：增值税、消费税、企业所得税、个人所得税、耕地占用税、城镇土地使用税、房产税、土地增值税、契税、印花税、车辆购置税、车船税、船舶吨税、环境保护税、城市维护建设税、烟叶税、关税、资源税。其中，16个税种由税务部门负责征收，关税和船舶吨税由海关部门征收。

一般情况下，增值税、城市维护建设税、个人所得税、企业所得税、印花税是标配，大部分企业都会涉及。

房产税、城镇土地使用税、资源税、土地增值税、车船税、烟叶税、契税、耕地占用税、环境保护税这类财产行为税种，是企业有这类财产或者发生这类行为才会涉及。特别提醒："有这类财产或者发生这类行为"这是重点，无论企业是哪种行业，只要"有或者发生"，就应该缴税了。

除上述税种外，现在还有两个附加费用，可以视同为税：教育费附加3%和地方教育费附加2%。这两个附加费用的计税基数与城市维护建设税相同。简单而言，只要缴纳了城市维护建设税，那么就需按同样的计算规则缴纳两个附加费。

一个企业，通常会涉及的税种如下：

1. 企业工商登记注册，需建立会计账簿，需要缴纳印花税。根据目前最新的印花税规定，自2018年5月1日起，对按5‰税率贴花的资金账簿减半征收印花税，对按件贴花5元的其他账簿免征印花税。

2. 若接受出资人以房屋或土地使用权出资，则获得投资的一方需要缴纳契税。然后每年缴纳城镇土地使用税和房产税。

计算公式：

契税 = 土地或房产价款 × 适用税率（3% ~5%）

城镇土地使用税 = 实际占用的土地面积 × 定额税率

城镇土地使用税每平方米年税额标准具体规定如下，具体标准由主管税局核定：

（1）大城市1.5 ~30元；

（2）中等城市1.2 ~24元；

（3）小城市0.9 ~18元；

（4）县城、建制镇、工矿区0.6 ~12元。

房产税的征收有以下两种情况：

一是自有房产以原值为计税依据，假设扣除率为30%，则：

应纳税额 = 房产原值 ×（1 − 30%）× 税率（1.2%）

二是租赁的房产以租金收入为计税依据，则：

应纳税额 = 房产租金 × 税率（12%）

3. 购置汽车，应缴纳车辆购置税和车船税。计算公式：

车辆购置税 =（购买应税车辆的全部价款 + 价外费用）×10%

其中，计税价格不含增值税。

进口车车辆购置税 =（关税完税价 + 关税 + 消费税）×10%

车船税按年缴纳。

（1）核定载客人数9人（含）以下乘用车按年征收（按发动机排气量分档）：

1.0升（含）以下	60元
1.0升以上至1.6升（含）	300元
1.6升以上至2.0升（含）	390元
2.0升以上至2.5升（含）	780元
2.5升以上至3.0升（含）	1,800元
3.0升以上至4.0升（含）	3,000元
4.0升以上	4,500元

（2）大型客车（核定载客人数20（含）人以上）每辆540元。

（3）中型客车（核定载客人数大于9人且小于20人）每辆480元。

（4）货车整备质量每吨60元。

（5）挂车整备质量每吨按照货车税额的50%计算。

（6）专用作业车整备质量每吨60元。

（7）轮式专用机械车60元。

（8）摩托车每辆36元。

4. 发放工资，必须代扣代缴个人所得税，包括中国公民、个体工商户、外籍个人。特别提醒：包括临时工。

（1）这里所说的工资，包括：工资、薪金、奖金、年终加薪、劳动分红、津贴、补贴以及与任职或受雇有关的其他所得。这就是说，个人取得的所得，只要是与任职、受雇有关，不管其单位的资金开支渠道或以现金、实物、有价证券等形式支付的，都是工资、薪金所得项目的课税对象。

（2）工资与劳务费的区别：工资是任职或受雇佣的所得，员工是企业的内部人。劳务则具有独立性、自由性，通常不受企业的考勤签到等内部管理的约束，是企业的“外人”。

按现行税法规定，在支付劳务费达到起征点时不但要取得发票，同时还要代扣代缴个人所税。

5. 企业销售货物或者加工、修理修配劳务（以下简称“劳务”），销售服务、无形资产、不动产以及进口货物的，要缴纳增值税，税率包括：13%、9%、6%和简易计税税率5%、3%，优惠税率1%。

（1）优惠政策：小规模纳税人发生增值税应税销售行为，合计月销售额未超过10万元（以一个季度为纳税期的，季度销售额未超过30万元，下同）的，免征增值税。

（2）增值税的纳税人分为一般纳税人和小规模纳税人。

小规模纳税人是指在连续不超过12个月的经营期内，累计应征增值税的不含税销售额不超过500万元，否则即为一般纳税人。

小规模纳税人一般只能开具普通发票，不可以开具增值税专用发票。但如果小规模纳税人向一般纳税人销售货物或应税劳务，购货方要求销货方提供增值税专用发票时，税务机关可以为其代开增值税专用发票。此税款必须缴纳，不受10万元的优惠政策影响，但计算10万元的优惠时，代开发票的金额要计算在内。

（3）增值税纳税义务发生时间：

①发生应税销售行为，为收讫销售款项或者取得索取销售款项凭据的当天；先开具发票的，为开具发票的当天。

②进口货物，为报关进口的当天。

注意，一旦达到增值税纳税义务发生时间，就应该申报缴税，无论是否开具发票。

增值税的申报纳税期限分别为1日、3日、5日、10日、15日、1个月或者1个季度。纳税人的具体纳税期限，由主管税务机关根据纳税人应纳税额的大小分别核定；不能按照固定期限纳税的，可以按次纳税。

纳税人以1个月或者1个季度为一个纳税期的，自期满之日起15日内申报纳税；以1日、3日、5日、10日或者15日为一个纳税期的，自期满之日起5日内预缴税款，于次月1日起15日内申报纳税并结清上月应纳税款。

纳税人进口货物，应当自海关填发海关进口增值税专用缴款书之日起15日内缴纳税款。

6. 企业开始经营活动，签订购销合同、技术合同、劳务合同等还需要缴纳印花税，印花税的计税基数不含增值税。现行印花税税目税率表如表1－1所示。

表1－1　　印花税税目税率表（2022版，2022年7月1日起执行）

税目		税率	备注
合同（指书面合同）	借款合同	借款金额的0.5‰	指银行业金融机构、经国务院银行业监督管理机构批准设立的其他金融机构与借款人（不包括同业拆借）的借款合同
	融资租赁合同	租金的0.5‰	
	买卖合同	价款的3‰	指动产买卖合同（不包括个人书立的动产买卖合同）
	承揽合同	报酬的3‰	
	建设工程合同	价款的3‰	
	运输合同	运输费用的3‰	指货运合同和多式联运合同（不包括管道运输合同）
	技术合同	价款、报酬或者使用费的3‰	不包括专利权、专有技术使用权转让书据
	租赁合同	租金的1‰	
	保管合同	保管费的1‰	
	仓储合同	仓储费的1‰	
	财产保险合同	保险费的1‰	不包括再保险合同

续表

税目		税率	备注
产权转移书据	土地使用权出让书据	价款的5‰	转让包括买卖（出售）、继承、赠与、互换、分割
	土地使用权、房屋等建筑物和构筑物所有权转让书据（不包括土地承包经营权和土地经营权转移）	价款的5‰	
	股权转让书据（不包括应缴纳证券交易印花税的）	价款的5‰	
	商标专用权、著作权、专利权、专有技术使用权转让书据	价款的3‰	
营业账簿		实收资本（股本）、资本公积合计金额的2‰	
证券交易		成交金额的1‰	

7. 既然缴纳了增值税，那么影子税费就出现了，包括城市维护建设税、教育费附加以及地方教育费附加，比较容易理解。

城市维护建设税 = 增值税税额 ×7%

教育费附加 = 增值税税额 ×3%

地方教育费附加 = 增值税税额 ×3%

8. 一个月结束，财务完成核算，出具报表，此时企业就涉及了企业所得税。

企业所得税是所有税收种类中的最难理解和申报的。简单讲，企业所得税 = 利润总额 × 税率（25%），但实际上企业所得税的收入、成本、费用都有可能与财务的收入、成本费用不一致，所以在申报企业所得税时就需要有一个调整，将财务会计的利润表中的各项项目数据调整为企业所税的数据。

二、纳税申报

（一）税务登记

税务登记的过程，就是进行税务登记、变更、注销、一般纳税人认定的过程。每一步的业务发生，都和税务部门有着切实的联系。

（二）纳税申报

1. 增值税纳税申报：

（1）增值税小规模纳税人需要报送的必报资料为“增值税纳税申报表”及其附列资料，具体包括：

①增值税纳税申报表（小规模纳税人适用）。

②增值税纳税申报表（小规模纳税人适用）附列资料。

③增值税减免税申报明细表。

④服务、不动产和无形资产扣除项目清单。

（2）增值税一般纳税人需报送的备查材料：

①已开具的增值税专用发票和普通发票存根联。

②符合抵扣条件并且在本期申报抵扣的增值税专用发票抵扣联。

③海关进口货物完税凭证、运输发票、购进农产品普通发票及购进废旧物资普通发票的复印件。

④收购凭证的存根联或报查联。

⑤代扣代缴税款凭证存根联。

⑥主管税务机关规定的其他备查资料。

（3）增值税的申报时间一般是按月或按季，在申报期间的下一个月的 15 日前完成申报并缴纳税款。现在增值税的开票和申报都由税控盘或金税盘控制并完成，上述所需提供的资料如开票数量、金额、存根等都以电子化数据存在税控盘或金税盘中，把这些资料传送到税务机关的过程就叫作“抄税”。然后，登录到税务网站填写申报表就可以完成申报并缴款。

特别提醒：一定要在规定时间内完成申报并缴款成功，缴款完成后，还要打开税控盘或金税盘，完成最后一步：清空盘里的申报资料，否则税控盘或金税盘会被锁死不能工作。

2. 企业所得税纳税申报。企业所得税按季度申报，年底汇算清缴。所得税征收方式可以分为查账征收和核定征收。如果实行核定征收，只需要报送“企业所得税核定征收申报表”；如果实行查账征收，需要报送的报表很多，并且需要进行汇算清缴。时间期限在第二年的 5 月 31 日前完成企业的年度汇算清缴。

3. 个人所得税纳税申报。个人所得税的申报，按月预缴，按年汇算。

企业按月计算并在下月的 15 日前完成预缴税款。

个人在年度终了后，在次年 3 月 1 日至 6 月 30 日间完成汇算清缴，建议的方式为在手机 App 里按提示完成。

$$\text{个人汇算清缴应退或应补税额} = [(\text{综合所得收入额} - 60{,}000\text{元} - \text{“三险一金”等专项扣除} - \text{子女教育等专项附加扣除} - \text{依法确定的其他扣除} - \text{捐赠}) \times \text{适用税率} - \text{速算扣除数}] - \text{已预缴税额}$$

任务七　专业素养

【目标】明确财务人员应具备的综合素养，有效提高财务人员的工作效率和综合素养，培养能够胜任企业建设和发展要求的高素质、复合型财务人才。

【内容】重点阐释财务人员应具备的基本素质、职业素养、专业素养及提高财务人员综合素养的途径。

【途径】通过恪守职业道德、更新职业观念、加强财务知识学习、提高专业技能四个途径，提高财务人员综合素质。

【意义】 我国社会经济的发展正在经历经济增长方式由粗放型向集约型转变的关键时期，财务工作的重要性需要能力较强的财务人员，财务工作的程序性需要认真细致的财务人员，提升财务人员综合素质才能够全面提升财务工作质量。

【训练要求】 剖析案例，总结经验。

当前财务会计人员素质现状

一、法律意识淡薄

某些会计从业人员为了迎合单位领导，制造很多虚假会计从业信息，这从侧面说明了会计人员缺乏相关的职业道德，同时还漠视国家的法律法规。这种将国家法律抛之脑后的现象屡见不鲜，不仅不利于整个企业的发展，还不利于国家的经济发展。

二、专业知识不足

某些财务人员对单位经济业务原始凭证的审核不严格，对业务内容、消费金额以及领导审批意见不全、不详细、不规范的情况没有进行严格的把关，只要领导签字了就报销；某些财务人员在填写记账凭证时没有依照标准的格式和规范，对账务结算没有具体的时间规定，在错账更改的时候也没有在修改的地方加盖个人印章，而是直接采用涂改液或胶带进行修改，造成账目不清的情况，给账目清算造成很大困难。

三、学习积极性差

企业通常组织所属财务人员进行培训以及继续教育，只是这些都止于形式，很多财务人员没有积极学习的态度与意识，不能真正地参与新知识、技能、理论、方式等相关的学习，大多数的财务人员参加了职称以及学历的教育，但是真正将所学的知识全部运用的人是非常少的，不能进行主动有效的学习，没有良好的学习氛围。某些财务人员觉得会管钱管账就高人一等，工作态度不端正，没有职业道德，不听取别人的意见。

一、社会对财务人员的需求

我国社会经济的发展正在经历经济增长方式由粗放型向集约型转变的关键时期，要求财务工作应由报账型向管理型、决策型转变，即由财务会计向管理会计拓展，由手工做账向电算化、信息化转变。会计准则、会计制度及相关经济领域的改革在不断深化，要求财务人员不断学习新知识、具备掌握和运用新知识的能力和水平，以适应不断变化的社会经济环境。

二、财务人员提高综合素质的意义

（一）财务工作的重要性需要能力较强的财务人员

财务管理是企业经济管理活动的核心，是建设和谐单位、法治单位的重要保障。财务工作是企业所有工作的基础，是企业正常运行的重要保障。财务人员作为企业财务管理制度第一线的执行者，工作程序性严格，安全性要求较高，需要具备较高的职业道德与专业素养。

（二）财务工作的程序性需要认真细致的财务人员

财务工作是一项程序性工作，只有审核、出纳、会计等各岗位的财务人员相互监督、团结合作才能保证其规范的程序性。因此，认真细致不仅是企业财务人员需要具备的个体品质，更是企业财务人员这个群体应具备的优秀品质，反映的是财务人员“精细规范”的职业信念。

三、财务人员应具备的基本素养

财务人员要认真学习马列主义、毛泽东思想，坚持用习近平新时代中国特色社会主义思想理论武装头脑，努力改造世界观，牢固树立为企业及社会服务的思想和正确的世界观、人生观、价值观，对企业及社会负责是财会工作的崇高职责。只有树立了为企业及社会服务的思想，才能发挥每个财会人员的聪明才智，厉行节约，增收节支。

（一）爱岗敬业

财务人员应该热爱自己的本职工作，安心于本职岗位，思于职守，尽心尽力，尽职尽责，恪尽职守地做好本职工作。财务人员在热爱本职工作的同时应具有高度的责任心和使命感，努力钻研业务技术，改进工作方式方法，不断提高工作能力和工作效率，使自己的知识和技能适应所从事的财务工作的要求。

（二）诚实守信

财务工作的性质要求财务人员要做老实人、说老实话、办老实事，执业谨慎，信誉至上，不为利益所诱惑，不弄虚作假，不泄露秘密。

（三）廉洁自律

财务工作的性质要求财务人员要公私分明、不贪不占、遵纪守法、清正廉洁。

（四）客观公正

财务工作要求财务人员端正态度，依法办事，实事求是，不偏不倚，保持应有的独立性。对于经济活动而言，客观主要包括两层含义：一是真实性，即以实际发生的经济活动为依据，对会计事项进行确认、计量、记录和报告；二是可靠性，即会计核算要准确，记录要可靠，凭证要合法。财务人员要不断提高专业技能，正确理解、把握并严格执行会计准则、制度，不断消除非客观、非公正因素的影响，做到最大限度的客观公正。

（五）坚持准则

财务人员要熟悉法律、法规和统一的会计制度，始终坚持按法律、法规和统一的会计制度的要求进行会计核算，实施会计监督。

（六）提高技能

财务人员要有不断增强、提高专业技能的自觉性和紧迫感，勤学苦练，刻苦钻研，不断进取，提高业务水平。

（七）参与管理

财务人员在做好本职工作的同时，应努力钻研相关业务，全面熟悉本单位经营活动和业务流程，主动提出合理化建议，协助决策，积极参与管理。

（八）强化服务

财务人员要树立服务意识，提高服务质量，努力维护和提升会计职业的良好社会形象。

四、财务人员应具备的职业素养

（一）法规性原则

财务人员要严格按照会计法和会计准则要求开展会计记账及核算活动。同时，会计记账及核算又受到税收法规、工商行政管理法规的约束，这就要求财务人员严格按照制度办事，否则就会触犯经济法规。

［**案例**］某房地产开发企业为少缴税款，采用了虚开发票的手段，多列成本进行申报，最终不仅补缴税款滞纳金、接受罚款合计1.2亿元，附带3名个人（财务负责人、会计、现金会计等）被判虚开发票罪。

（二）严谨性原则

财务工作与科学研究相同，要严谨，不能马马虎虎。建立企业财务制度时，要从互相监督和相互协调的角度制定严谨的处理程序，按程序开展工作时，就能少出问题，能够让各种勾稽关系完全对应起来。企业正确的财务信息是许多决策的成败关键，财务人员只有在处理信息上认真细致，分析财务数据严谨周密，才能保证会计信息的正确可靠。因此，日常工作中财务人员要从思想上重视该项工作，开展工作时遵守严谨性原则，严格按照操作程序处理业务。

［**案例**］苏州麦奇新型材料有限公司在经营期间，违反国家税收法规，让他人为自己虚开增值税普通发票45份，价税金额7,179,750.68元并纳税申报，余某某、李某某分别作为公司实际控制人和财务负责人实施上述虚开行为，应认定为单位犯罪的主管人员和直接责任人员，其行为均已构成虚开发票罪，依法对苏州麦奇新型材料有限公司处罚金，对余某某、李某某应处二年以下有期徒刑、拘役或者管制，并处罚金。

（三）亲和力原则

财务部门不仅仅是管理部门，同时也是服务部门，同企业很多部门和人员都会建立联系，如办理结算、履行会计手续等。如果在办理财务手续过程中，财务人员除了严格按照国家法律和企业规章制度办理，还能够心平气和地为前来办理手续的人讲解财务知识和办事规则，对方就能够配合财务人员处理好财务工作。

（四）创造力原则

创新是市场经济时代的灵魂，没有创新就没有企业的发展。经济活动各个方面的创新，理所当然地会给传统财务工作带来多方面的冲击，使财务工作在新时期经济环境下发生新的变化，产生新的课题，这就需要财务人员不断更新知识，扩大知识面，根据经济活动的变革，相应地创新财务工作模式，使财务工作适应新时期经济发展。

五、财务人员应具备的专业素养

（一）财务人员应该具有良好的职业道德和责任感

财务人员要热爱自己的本职工作，努力提高自己的业务水平，培养自己爱岗敬业的服务态度和强烈的责任感。面对工作需要勤勤恳恳，承担自己应有的岗位责任。作为企业财务人员，能够了解到企业的财务状况、经营情况等核心机密，这些机密都是企业的商业秘密，如若竞争对手掌握企业商业秘密，将对企业形成很大的威胁。因此，从职业道德出发，财务人员在任职与离职之时，都不应泄露企业财务与经营情况。此外，由于企业竞争的需要，现代企业中有许多销售竞争，人才竞争政策，而这些政策必将从财务核算内容中反映，例如企业工资政策，销售信用政策，投资方向等，这些相关政策关系到企业的兴衰存亡，作为能够了解到企业政策的财务人员，一定要严守企业的商业秘密。财务人员一旦泄露企业商业秘密，自身的职业操守将被质疑，之后很难再从事财务工作。财务人员应克制自己的私欲，恪守会计职业道德，任何财务人员都不应利用财务管理中的漏洞有任何违法违规行为。

［**案例**］“90 后”女会计贪污40 万。“90 后”女会计张艺贪污的新闻曾引起舆论热议。张艺是某县社会保险事业局的会计兼出纳，工作不到 1 年，她利用职务之便贪污了四十多万元民生领域资金，案发时刚 25 岁。最终张艺被判刑 1 年零 6 个月，并处罚金人民币 10 万元。

（二）财务人员应该熟悉国家财经法律、法规和会计制度

财务人员应具备较强的业务处置能力。财务人员要学好财经理论和方针政策，学好现代管理知识，通晓各类法规制度。不断更新财经法规的知识储备，熟悉企业建设发展规划，熟悉当前大项工作和重大活动，熟悉保障重点和原则。要熟练掌握本职业务，做到会结算、会核算、会管理、会创新，同时不可以违背国家相关的法律法规和规章制度的规定。

［**案例**］会计挪用公款 930 万元打赏女主播。29 岁的王某是江苏镇江某房地产开发公司会计，沉迷于看网络直播，为了打赏女主播，他动起了挪用公司资金的念头，共挪用公款 930 万元，其中在各个直播平台充值就达 766 万元，最终王某被判刑 7 年。

（三）财务人员应当强化专业技能，主动参与经济管理

财务人员专业技能水平的高低直接影响到财务工作质量的好坏。因此，财务人员必须具备一定的财务专业知识和技能，才能胜任财务工作。同时，财务人员应具备专业的财务工作判断能力，能够按照会计准则、会计制度的要求，运用自己的专业知识和工作经验，对经济业务和不确定事项做出判断。新的市场环境要求财务人员不仅要记账和算账，更要站在一个宏观的角度去考虑企业的经济业务情况。在工作之余，财务人员需要不断丰富自己的知识，也可以通过请教业务能力强的前辈丰富个人财务工作经验，对于公司的财务问题主动提出合理化的建议，帮助公司提升管理效率。

［**案例**］做两套账逃税，会计被判刑。九龙水泥厂会计危某文通过做两套账簿的方法，涉嫌逃税，金额共计 93 万余元。危某文犯逃税罪，最终被判处有期徒刑 3 年，缓刑 5 年，并处罚金人民币 3 万元。

（四）财务人员应当具备良好的沟通能力，不断强化服务意识

财务工作是企业重要的管理工作，企业对内对外都会涉及财务工作，财务部门需要同各相关部门建立联系沟通。

1. 对内的组织、协调、沟通能力

由于财务人员的工作职责，需要确认、计量、记录、跟踪各方面的财务信息和财务资料，要与采购、生产、保管、销售以及科研等环节和部门的人员来往，要全面、系统、总括地了解企业的经营情况，需要通过对经营活动的处理、分析和汇总，向决策层提供决策依据和生产经营的数据资料。

2. 对外的沟通协调能力

财务人员不是企业的推销员，但有些涉外业务活动是需要财务人员参与的，如企业在筹集资金时，有可能会和金融机构打交道，和审计部门、财政部门建立工作联系，此时除了要将企业真实的经营情况和财务状况反映给相关部门外，还需要依靠财务人员的阐述，诚恳的态度，与相关部门人员积极配合才能顺利完成筹资任务。与税务部门建立工作联系，除了要了解税收相关政策及政策变动情况之外，还要与税务部门的工作人员打交道，在与税务人员交流过程中，询问与被询问都是不可避免的，所以财务人员也要有一定的协调能力，完成企业纳税任务。

六、提高财务人员综合素养

（一）恪守职业道德

财务人员在工作中必须树立职业道德观念，不断加强思想建设，提高思想政治水平，自觉把诚信原则放在首要位置，强化法制观念，自觉接受监督，遵守财经法规制度。

（二）更新职业观念

目前，企业大多数财务人员还把财务工作简单地理解为记账、算账、编制会计报表，离现代财务管理要求相差甚远，职业观念亟待更新。现代财务管理强调财务人员的管理职能，主要是通过投融资管理推动企业发展壮大，调整资本结构，降低营运成本，做好财务分析、预测，增加企业平稳运转，建立财务预警系统，防范各种财务风险，是一种增值型的复合管理，而不是过去单纯的事后反映和监督。因此，财务人员要充分认识到财务工作的职能正在发生转变，财务人员需要与时俱进地更新职业观念。

（三）加强财务知识学习

企业加强财务知识学习是经济管理工作的主要组成部分，经济越发达、越开放，对财务工作的要求就会越高，单纯的财务知识已满足不了新形势经济管理的要求，财务人员必须要主动加强学习，努力提高综合素质，致力于锻炼成知识广博的复合型财务人才。

（四）提高专业技能

从事财务工作需要具备一定的专业技能，包括专业理论知识、政策法规知识、业务技术及沟通能力等，新形势下财务人员必须不断提高自身综合素质，这不仅是财务人员的义务，

也是做好财务工作的需要。要在了解和掌握必备的经济知识的基础上，多渠道增强个人综合能力，要努力钻研并熟悉当地当时的政策法规，研究透彻，使财务知识与经济知识融会贯通，才能全面解决工作中的各种问题。

［**案例**］为什么被抓的总是会计?

2017 年《会计法》修订，加强了对会计从业人员的法律约束，将“从事会计工作的人员是否具备专业能力、遵守职业道德”明确列入了法律监督范围。同时，加大了对提供虚假财务报告，做假账，隐匿或者故意销毁会计凭证、会计账簿，贪污、挪用公款，职务侵占等违法行为的处罚力度，由之前的“不得取得或者重新取得会计从业资格证书”直接上升为“不得再从事会计工作”。

【《会计法》法条】

第三十八条　会计人员应当具备从事会计工作所需要的专业能力。担任单位会计机构负责人（会计主管人员）的，应当具备会计师以上专业技术职务资格或者从事会计工作三年以上经历。本法所称会计人员的范围由国务院财政部门规定。

第四十条　因有提供虚假财务会计报告，做假账，隐匿或者故意销毁会计凭证、会计账簿、财务会计报告，贪污，挪用公款，职务侵占等与会计职务有关的违法行为被依法追究刑事责任的人员，不得再从事会计工作。

项目二　卓锦商贸有限公司账务处理

任务一　了解实训企业概况

一、企业基本情况

（一）企业概况

企业名称：昆明卓锦商贸有限公司

纳税识别号：112233445566M

注册资本：人民币 1,000 万元

法定代表人：张璟

股东：张璟　陈驰

公司地址：昆明市五华区中山路 251 号

公司电话：0871－6666666

纳税资格：一般纳税人

基本存款户：中国银行昆明市中山路支行

基本户账号：1340376 ×××3

经营范围：家用电器的销售

教学专用

营 业 执 照

(副 本) 副本编号：1－1

统一社会信用代码 112233445566M

名 称	昆明卓锦商贸有限公司
类 型	有限责任公司（自然人投资或控股）
住 所	昆明市五华区中山路251号
法定代表人	张璟
注册资本	壹仟万元整
成立日期	2017年05月07日
营业期限	2017年05月07日 至 长期
经营范围	家用电器的销售（依法须经批准的项目，经相关部门批准后方可开展经营活动）

昆明市五华区市场监督管理局

登 记 机 关

2017 年 05 月 07 日

图 2－1　企业营业执照副本

（二）企业结构与人员构成

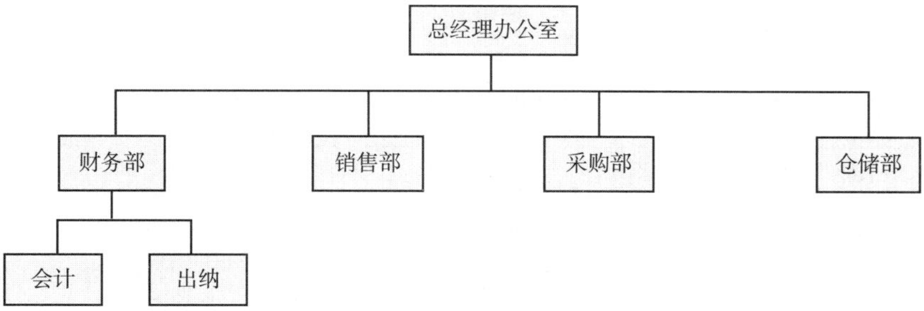

图 2－2

表 2－1　　昆明卓锦商贸有限公司职工信息表

部门	姓名	性别	职务	年龄
总经办	张璟	男	总经理	45
总经办	刘芸	女	办公室主任	35
采购部	王翔	男	部门经理	37
销售部	杨海峰	男	部门经理	38
仓储部	杨健	男	仓管管理员	33
财务部	肖敏	女	会计、部门负责人	42
财务部	唐丽	女	出纳	26

二、会计核算基本资料

（一）有关会计核算体系

1. 公司纳税资格为一般纳税人，增值税税率为 13%，城市维护建设税税率为 7%，教育费附加的税率为 3%，地方教育费附加的税率为 2%。以上各税种按月申报。

2. 公司所得税税率为 25%，按季度预缴，年终汇算清缴。

3. 公司适用 2013 年颁布的《小企业会计准则》。

4. 公司存货购入采用实际进价核算。

5. 公司存货发出计价采用月末一次加权平均法。

6. 公司固定资产折旧采用平均年限法计提。

7. 购销合同印花税税率为 0.3‰，按月缴纳。

（二）主要往来单位明细

1. 主要供应商明细见表 2－2。

表 2－2

编号	名称	地址	联系电话	开户行	账号	纳税识别号
1	北京七星电子有限公司	北京市××区××路 102 号	010－××××××1	中国银行北京市××路支行	123456789	915300001234567891
2	成都长信科技股份公司	成都市××区××路 86 号	028－××××××2	中国银行成都市××路支行	123456789	915300001234567892

2. 主要客户明细见表 2－3。

表 2－3

编号	名称	地址	联系电话	开户行	账号	纳税识别号
1	昆明大兴电器有限公司	昆明市××区××路 112 号	1380××××××1	中国银行昆明市××路支行	123456789	915300001234567893
2	昆明大湾酒店有限公司	昆明市××区××路 31 号	1380××××××2	工商银行昆明市××路支行	123456789	915300001234567894
3	蒙自大兴购物广场有限公司	蒙自市××区××路 21 号	1380××××××3	农业银行蒙自市××路支行	123456789	915300001234567895
4	广南县万辉电器城	云南省广南县××路 33 号	1380××××××4	富滇银行广南县××路支行	123456789	915300001234567896
5	弥勒市长隆购物广场	云南省弥勒市××路 201 号	1380××××××5	中国银行弥勒市××路支行	123456789	915300001234567897
6	大理市佳佳百货商场有限责任公司	云南省大理市××路 23 号	1380××××××6	交通银行大理石××路支行	123456789	915300001234567898
7	保山蓝鹰电器有限公司	云南省保山市××路 62 号	1380××××××7	广发银行保山市××路支行	123456789	915300001234567899
8	云南厚通科技有限公司	昆明市××区××路 18 号	1380××××××8	交通银行昆明市××路支行	123456789	915300001234567890

任务二　2020 年 8 月至 2021 年 1 月账务处理

一、2020 年 8 月份业务清单

表 2－4

业务编号	日期	摘要	凭证
业务 1	8 月 3 日	股东借款给公司现金 5,000 元	现金收据
业务 2	8 月 5 日	总经办刘芸报销刻公章费用 667.8 元	发票、费用报销单
业务 3	8 月 10 日	总经办刘芸购买云南山泉水票 600 元	发票、费用报销单
业务 4	8 月 15 日	采购部王翔报销办公用品费 1,695 元	费用报销单、发票
业务 5	8 月 20 日	收到股东张璟投资款 400 万元	银行回单
业务 6	8 月 21 日	总经办刘芸报销办公室租赁费用 29,459.46 元	租赁合同（略）、发票、付款申请单、银行回单
业务 7	8 月 22 日	采购部王翔报购买 5 台电脑费用 3 万元	采购合同（略）、发票、付款申请单、银行回单
业务 8	8 月 22 日	采购部王翔报销办公室装修费用 109,000 元	装修合同（略）、发票、付款申请单、银行付款回单、银行手续费回单
业务 9	8 月 25 日	总经办报销交通费 70 元	费用报销单、出租车票
业务 10	8 月 31 日	房租摊销 2,252.25 元	房租摊销表
业务 11	8 月 31 日	装修费用摊销 2,777.78 元	装修费用摊销表
业务 12	8 月 31 日	计提和发放 8 月份工资 27,500 元	工资表、个税计算表、现金支票存根
业务 13	8 月 31 日	计提资金账簿印花税 1,000 元	印花税计提表

【原始凭证】

业务 1	8 月 3 日	股东借款给公司现金 5,000 元	现金收据

附件 1：

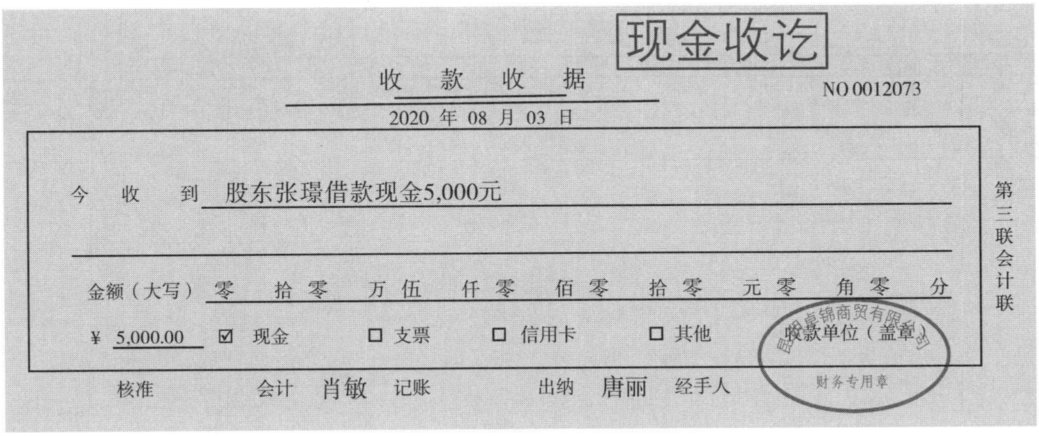
现金收讫

收　款　收　据

NO 0012073

2020 年 08 月 03 日

今　收　到　股东张璟借款现金5,000元

金额（大写）零　拾　零　万　伍　仟　零　佰　零　拾　零　元　零　角　零　分

¥ 5,000.00　☑ 现金　☐ 支票　☐ 信用卡　☐ 其他　收款单位（盖章）

核准　会计　肖敏　记账　出纳　唐丽　经手人

第三联会计联

业务 2	8 月 5 日	总经办刘芸报销刻公章费用 667.8 元	发票、费用报销单

附件 2－1：

费 用 报 销 单

现金付讫

部门　　　　　　　　　　　　报销日期　2020年 08月 05日

费　用　项　目	票据张数	金额（元）	备注
刻公章费用	1	667. 80	
报 销 金 额 合 计		667. 80	
金额（大写） 零 拾 零 万 零 仟 陆 佰 陆 拾 柒 元 捌 角 零 分		¥667.80	

单位负责人：张璟　　验收或证明人：王翔　　部门负责人：　　财务：肖敏　　报销人：刘芸

附件 2－2：

云南增值税专用发票

5300173532０　　　　No 39224030

教学专用　　　　5300183322　29825030

校验码 47003 25798 12324 01104　　　　开票日期：2020年08月05日

税总函[2017]号xxxxxxxxxx公司

购买方	名　　称：昆明卓锦商贸有限公司 纳税人识别号：112233445566M 地 址、电 话：云南省昆明市五华区中山路251号　0871-6666666 开户行及账号：中国银行昆明市中山路支行 1340376×××3	密码区	79+ 55/5 /<-3-3> 2>5/-3*0<<736587- *2-00+883+*289+-013-/-5-4/<048+3>3 ++*33443-**>-3045381*3<>+70<+38*-> 687340>03+*89+-013-/-5--74*7484389

货物或应税劳务名称	规格型号	单位	数量	单价	金额	税率	税额
*设计服务*刻章		套	1	630.0000000	630	6%	37.8
合　　计					¥630.00		¥37.80
价税合计（大写）	⊗ 陆佰陆拾柒元捌角整				（小写）¥667.80		

销货单位	名　　称：云南鑫易印章有限公司 纳税人识别号：91443454MA564CM3E 地 址、电 话：云南省昆明市盘龙区二一二大街28号 13577777777 开户行及账号：工商银行昆明市青云路支行 62122 62502 00918 1234	备注	云南鑫易印章有限公司 123456789 发票专用章

收款人：顾静　　复核：罗湖　　开票人：谷丽　　销货单位：（章）

第三联：发票联 购买方记账凭证

业务3	8月10日	总经办刘芸购买云南山泉水票600元	发票、费用报销单

附件3－1：

费 用 报 销 单

现金付讫

部门 总经办　　　　报销日期 2020年08月10日

费 用 项 目	票据张数	金额（元）	备注
购买山泉水票	1	600.00	
报 销 金 额 合 计		600.00	
金额（大写）零 拾 零 万 零 仟 陆 佰 零 拾 零 元 零 角 零 分			¥600.00

单位负责人：张璟　验收或证明人：杨海峰　部门负责人：张璟　财务：唐丽　报销人：刘芸

附件3－2：

云 南 通 用 机 打 发 票

全国统一发票监制章 云南税务总局

发票联

教学专用

发票代码153001914001

发票号码08004027

开票日期：2020年08月08日　　行业分类：其他未列明零售业

付款方名称：昆明卓锦商贸有限公司　　付款方识别号：112233445566M

货物或劳务名称	规格	单位	单 价	数量	金 额
购水票		元	15.00	40.00	600.00

合 计 人 民 币（大 写）：陆佰元整　　合 计：¥600.00

备注：

发票代码：J53001914001发票号码：08304027（如与右上角印刷码不一致，发票无效！）B

收款单位名称（签章）：昆明市五华区宏达送水店

收款单位识别号：92530702456730639　开票人：郑龙飞

昆明市五华区宏达送水店 11227789095S 发票专用章

第一联：发票联（购货单位付款凭证）（手开无效）

业务 4	8 月 15 日	采购部王翔报销办公用品费 1,695 元	费用报销单、发票

附件 4－1：

费　用　报　销　单

现金付讫

部门　采购部　　　　　　　　　　　　报销日期　2020年08月15日

费　用　项　目	票据张数	金额（元）	备注
购买办公用品	1	1,695.00	
报 销 金 额 合 计		1,695.00	
金额（大写）　零 拾 零 万 壹 仟 陆 佰 玖 拾 伍 元 零 角 零 分		¥1,695.00	

单位负责人：张璟　　验收或证明人：张璟　　部门负责人：刘芸　　财务：唐丽　　报销人：王翔

附件 4－2：

云南增值税专用发票

5300178432０　　教学专用　　No 39224030

5300183322
29825030

校验码　47003 25798 01324 01104

开票日期：2020年08月12日

税总函 [2017] 号 xxxxxxxxxx 公司

购买方		密码区	
名　　称：昆明卓锦商贸有限公司 纳税人识别号：112233445566M 地 址、电 话：昆明市五华区中山路251号　0871-6666666 开户行及账号：中国银行昆明市中山路支行　1340376×××3			79+ 55/5 /<-3-3> 2>5/-3*0<<787-90 *2-00+883+*89+-013-/-5-/<08+3>390 ++*33443-**>-305381*3<>+70<+38*-> 687340>03+*89+-013-/-5--74*748438

货物或应税劳务名称	规格型号	单位	数量	单价	金额	税率	税额
*文具*文件框		台	10	13.2743400	150	13%	19.5
*纸制品*打印纸		个	4	176.9911500000	800	13%	104
*文具*马克笔		箱	50	4.42477876	250	13%	32.5
*计算机配套产品*墨盒		支	2	141.5929204	300	13%	39
		个					
合　计					¥1 500.00		¥195.00
价税合计（大写）	⊗ 壹仟陆佰玖拾伍元整				（小写）¥1 695.00		

销货单位	备注
名　　称：昆明晨鹏文具销售有限公司 纳税人识别号：90800909012WE 地 址、电 话：昆明西山区云纺国际商厦7楼8号、0775-238764 开户行及账号：中国银行西山支行　16553676789087	昆明晨鹏文具销售有限公司 1122874665S 发票专用章

第三联：记账联　购买方记账凭证

收款人：　　复核：刘辰宇　　开票人：陈希　　销货单位：（章）

业务 5	8 月 20 日	收到股东张璟投资款 400 万元	银行回单

附件 5：

国内支付业务收款回单

教学专用

客户名：393181559　　日期：2020年08月20日

收款人账号：1340376×××3　　付款人账号：53001616051003225551

收款人名称：昆明卓锦商贸有限公司　　付款人名称：张璟

收款人开户银行：中国银行昆明市中山路支行　　付款人开户行：中国建设银行昆明泰和支行

金额：CNY4,000,000.00

人民币肆佰万元整

报文种类：beps.121.001.01-客户发起普通贷记业务报文

业务类型：A100-普通汇兑　　收支申报号：

业务标识号：2020042438365921　　业务编号：

发起行行号：105731003182　　接收行行号：104731007026

发起行名称：中国建设银行昆明泰和支行　　接收行名称：中国银行昆明市中山路支行

入账账号：1340376×××3　　入账户名：昆明卓锦商贸有限公司

用途：

附言：投资款

打印时间：2020-08-31 09:45:10　　打印次数：1

中国银行股份有限公司
昆明市中山路支行
业务专用章
11GUEN44
WU4JGNIN

业务 6	8 月 21 日	总经办刘芸报销办公室租赁费用 29,459.46 元	合同（略）、发票、付款申请单、银行回单

附件 6－1：

付款申请单

收款单位	雷格斯昆明办公场地租赁有限公司	申请时间	2020 年 08 月 21 日
付款事由	2020 年 08 月 01 日—2021 年 07 月 31 日办公室租赁费		
付款方式	☑电汇　☐现金　☐支票　☐汇票		
付款金额	¥29,459.46		
开户行	工商银行昆明市青云路支行	银行账号	62122 62502 99456 1234
备注			

申请人：刘芸　　财务：肖敏　　总经理审批：张璟

附件 6 －2：

云南增值税专用发票

5300173532０ 教学专用

№ 39224030

5300183322
29825030

校验码 47003 25798 12324 01104

开票日期：2020年08月26日

税总函[2017]号 xxxxxxxxxx 公司

购买方	名　　　称：昆明卓锦商贸有限公司 纳税人识别号：112233445566M 地 址、电 话：云南省昆明市五华区中山路251号　0871-6666666 开户行及账号：中国银行昆明市中山路支行　1340376×××3	密码区	79+ 55/5 /<-3-3> 2>5/-3*0<<736587- *2-00+883+*289+-013-/-5-4/<048+3>3 ++*33443-**>-3045381*3<>+70<+38*-> 687340>03+*89+-013-/-5--74*7484389

货物或应税劳务名称	规格型号	单位	数量	单价	金额	税率	税额
*经营租赁*房屋出租2020.08.01-2021.07.31			1	27,027.0270270	27,027.03	9%	2,432.43
合计					¥27,027.03		¥2,432.43
价税合计（大写）	⊗贰万玖仟肆佰伍拾玖元肆角陆分				（小写）¥29,459.46		

销货单位	名　　　称：雷格斯昆明办公场地租赁有限公司 纳税人识别号：91441424MA564CM3E 地 址、电 话：云南省昆明市官渡区得胜企业办公家俱城一楼28号 13577777777 开户行及账号：中国工商银行昆明市青云路支行 62122 62502 99456 1234	备注	雷格斯昆明办公场地租赁有限公司 123456789 发票专用章

收款人：徐志　　复核：关殷　　开票人：李丽　　销货单位：（章）

第三联：记账联 购买方记账凭证

附件 6 －3：

国内支付业务付款回单

教学专用

客户名：394187759　　日期：2020年08月21日

收款人账号：53066782037051003224　　付款人账号：1340376×××3

收款人名称：雷格斯昆明办公场地租赁有限公司　　付款人名称：昆明卓锦商贸有限公司

收款人开户银行：中国工商银行昆明市青云路支行　　付款人开户行：中国银行昆明市中山路支行

金额：CNY29,459.46

人民币贰万玖仟肆佰伍拾玖元肆角陆分

报文种类：beps.121.001.01–客户发起普通贷记业务报文

业务类型：A100–普通汇兑　　收支申报号：

业务标识号：2020050638365921　　业务编号：

发起行行号：104731007026　　接收行行号：105731003182

发起行名称：中国银行昆明市中山路支行　　接收行名称：中国工商银行昆明市青云路支行

入账账号：53066782037051003224　　入账户名：雷格斯昆明办公场地租赁有限公司

用途：

附言：房屋租赁费

打印时间：2020-08-06 15:45:10　　打印次数：1

中国银行股份有限公司 昆明市中山路支行 业务专用章 11GUEN44 WU4JGNIN

业务 7	8 月 22 日	采购部王翔报购买 5 台电脑费用 3 万元	合同（略）、发票、付款申请单、银行回单

附件 7－1：

付款申请单

收款单位	昆明硕飞电脑科技有限公司	申请时间	2020 年 08 月 22 日
付款事由	购买电子设备（电脑）		
付款方式	☑电汇　☐现金　☐支票　☐汇票		
付款金额	¥30,000元		
开户行	中国银行昆明市人民路支行	银行账号	1378435 ××× 6
备注			

申请人：王翔　　财务：唐丽　　总经理审批：张璟

附件 7－2：

云南增值税专用发票

53001784320　　教学专用　　№ 39224030　5300183322　29825030

校验码 47003 25798 01324 01104　　开票日期：2020年08月05日

税总函［2017］号 xxxxxxxxxx 公司

购买方	名　称：昆明卓锦商贸有限公司 纳税人识别号：112233445566M 地 址、电 话：昆明市五华区中山路251号　0871-6666666 开户行及账号：中国银行昆明市中山路支行　1340376×××3				密码区	79+ 55/5 /<-3-3> 2>5/-3*0<<787-345 *2-00+883+*89+-013-/-5-/<08+3>3211 ++*33443-**>-305381*3<>+70<+38*->3 687340>03+*89+-013-/-5--74*7484389	
货物或应税劳务名称	规格型号	单位	数量	单价	金额	税率	税额
*电子设备*电脑	WW80K2356VG	台	5	5,309.7345132	26,548.67	13%	3,451.33
合计					¥26,548.67		¥3,451.33
价税合计（大写）	⊗ 叁万元整				（小写）¥30,000.00		
销货单位	名　称：昆明硕飞电脑科技有限公司 纳税人识别号：2349877586A 地 址、电 话：云南省昆明市西山区岸艺城商铺2-003　0871-5555555 开户行及账号：中国银行人民路支行 1378435135786				备注		

第三联 发票联 购买方记账凭证

收款人：李媛媛　　复核：冯强　　开票人：李鑫　　销货单位：（章）

昆明硕飞电脑科技有限公司 1122334455S 发票专用章

附件 7－3：

国内支付业务付款回单

教学专用

客户名：393181559　　日期：2020年08月30日

收款人账号：1378435×××6　　付款人账号：1340376×××3

收款人名称：昆明硕飞电脑科技有限公司　　付款人名称：昆明卓锦商贸有限公司

收款人开户银行：中国银行昆明市人民路支行　　付款人开户行：中国银行昆明市中山路支行

金额：CNY30,000

人民币叁万元整

报文种类：beps.121.001.01-客户发起普通贷记业务报文

业务类型：A100-普通汇兑　　收支申报号：

业务标识号：2020042438365921　　业务编号：

发起行行号：1340376×××3　　接收行行号：1378435135786

发起行名称：中国银行昆明市中山路支行　　接收行名称：中国银行昆明市人民路支行

入账账号：1378435×××6　　入账户名：昆明硕飞电脑科技有限公司

用途：

附言：付购电脑款

打印时间：2020-08-30 09:45:10　　打印次数：1

中国银行股份有限公司 昆明市中山路支行 业务专用章 11GUEN44 WU4JGNIN

业务 8	8 月 22 日	采购部王翔报销办公室装修费用 109,000 元	装修合同（略）、发票、付款申请单、银行付款回单、银行手续费回单

附件 8－1：

付款申请单

收款单位	昆明七星装修有限公司	申请时间	2020 年 8 月 21 日
付款事由	办公室装修费用		
付款方式	☑电汇　□现金　□支票　□汇票		
付款金额	¥109,000.00		
开户行	中国建设银行昆明市泰和支行	银行账号	1340548×××4
备注			

申请人：王翔　　财务：唐丽　　总经理审批：张璟

附件 8－2：

云南增值税专用发票

5300178432 0 教学专用

No 39224030

5300183322
29825030

校验码 47003 25798 01324 01104

开票日期：2020年08月21日

税总函 [2017] 号 xxxxxxxxxx 公司

购买方	名　　称：昆明卓锦商贸有限公司 纳税人识别号：112233445566M 地 址、电 话：云南省昆明市五华区中山路251号 0871-6666666 开户行及账号：中国银行昆明市中山路支行 1340376×××3	密码区	577755/5 /<-3-3> 2>5/-3*0<<787-9- *2-00+883+*89+-013-/-5-/<08+3>3-* ++*33443-**>-305381*3<>+70<+38*-> 687340>03+*89+-013-/-5--74*7484389

货物或应税劳务名称	规格型号	单位	数量	单价	金额	税率	税额
*建筑服务*装修费		间	1	100,000.0000000	100,000	9%	9,000
合　计					¥100,000.00		¥9,000.00
价税合计（大写）	⊗壹拾万玖仟元整				（小写）¥109,000.00		

销货单位	名　　称：昆明七星装修有限公司 纳税人识别号：112233778899M 地 址、电 话：云南省昆明市五华区中山路589号 0871-999999 开户行及账号：中国建设银行昆明市泰和支行 1340548×××4	备注	昆明七星专修有限公司 123456789 发票专用章

第三联：发票联 购买方记账凭证

收款人：李丽　　复核：王敏　　开票人：李丽　　销货单位：（章）

附件 8－3：

国内支付业务付款回单

教学专用

客户名：393181559　　日期：2020年08月21日

收款人账号：53001616051003224895　　付款人账号：1340376×××3

收款人名称：昆明七星装修有限公司　　付款人名称：昆明卓锦商贸有限公司

收款人开户银行：中国建设银行昆明市泰和支行　　付款人开户行：中国银行昆明市中山路支行

金额：CNY109,000.00

人民币壹拾万玖仟元整

报文种类：beps.121.001.01-客户发起普通贷记业务报文

业务类型：A100-普通汇兑　　收支申报号：

业务标识号：2020042438365921　　业务编号：

发起行行号：105731003182　　接收行行号：104731007026

发起行名称：中国银行昆明市中山路支行　　接收行名称：中国建设银行昆明市泰和支行

入账账号：53001616051003224895　　入账户名：昆明七星装修有限公司

用途：

附言：办公室装修费用

打印时间：2020-08-31 09:45:10　　打印次数：1

中国银行股份有限公司 昆明市中山路支行 业务专用章 11GUEN44 WU4JGNIN

附件 8－4：

客户付费回单

教学专用

客户名：393175963　　日期：2020年08月21日

付 款人账号：1340376×××3

付款人名称：昆明卓锦商贸有限公司

付款人开户行：中国银行昆明市中山路支行

金额：CNY50.00

人民币伍拾元整

业务编号：

费用名称：对公跨行转账汇款手续费

附言：

自助打印，避免重复

交易机构：15818　　交易渠道：网上银行　　交易流水号：139624870-405　　经办：

回单编号：2020041536665389　　回单验证码：242N3BJSNTE7

打印时间：2020-08-31 09:37:10　　打印次数：1

中国银行股份有限公司 昆明市中山路支行 业务专用章 11GUEN44 WU4JGNIN

业务 9	8 月 25 日	总经办报销交通费 70 元	费用报销单、出租车票

附件 9－1：

费　用　报　销　单　　现金付讫

部门：总经办　　报销日期 2020年 08月 25日

费　用　项　目	票据张数	金额（元）	备注
交通费	1	70.00	
报 销 金 额 合 计		70.00	
金额（大写） 零 拾 零 万 零 仟 零 佰 柒 拾 元 零 角 零 分　　¥70.00			

单位负责人：张璟　　验收或证明人：　　部门负责人：刘芸　　财务：唐丽　　报销人：刘芸

附件9－2：

[redacted]

昆明市出租汽车专用发票
BEIJING TAXI SPECIAL INVOLCE
发票联
INVOICE
4 4 1 0 0 1 4 8　1 0 0 4
8 3 1 7 5 2 0 6

单位 compang	0083
电话 Tel	63521822
[redacted] 车号 Taxl NO.	云A EIV63
证号 Certificate NO.	452520
日期 Date	2020-08-25
时间 Time	08：00-09：00
单价 Price per km	3.5
里程 Distance	20.00
等候 Waiting time	00:04:48
状态 State	----
金额 Fare	¥70.00
卡号 Car No.	----
卡原额 Caed Original Sum	----
卡余额 Card Balance sun	----

机打发票手写无效

密 码：[redacted]

业务10	8月31日	房租摊销2,252.25元	房租摊销表

附件10：

租金摊销表

编制单位：昆明卓锦商贸有限公司　　日期：2020年08月31日　　单位：元

项目	摊销时段	摊销期间数/月	预付账款	月摊销金额	本月摊销额	累计摊销	净值
租金	2020年8月－2021年7月	12	27,027.03	2,252.25	2,252.25	2,252.25	24,774.78
合计							

业务 11	8 月 31 日	装修费用摊销 2,777.78 元	装修费用摊销表

附件 11：

长期待摊费用摊销表

编制单位：昆明卓锦商贸有限公司　　日期：2020年08月31日　　单位：元

项目	摊销时段	摊销期间数/月	预付账款	月摊销金额	本月摊销额	累计摊销	净值
装修费用	2020年8月–2023年7月	36	100,000.00	2,777.78	2,777.78	2,777.78	97,222.22
合计							

业务 12	8 月 31 日	计提和发放 8 月份工资 27,500 元	工资表、个税计算表、现金支票存根

附件 12－1：

2020年8月昆明卓锦商贸有限公司工资表

姓名	职务	部门	基本工资	加班费	考勤扣款	工资总额	代扣个人社保	代扣个人公积金	代扣个税	实发工资	签名
张璟	总经理	总经办	5,000	0	0	5,000	0	0	0	5,000	张璟
刘芸	办公室主任	总经办	4,500	0	0	4,500	0	0	0	4,500	刘芸
王翔	部门经理	采购部	3,500	0	0	3,500	0	0	0	3,500	王翔
杨健	仓库管理员	仓储部	3,500	0	0	3,500	0	0	0	3,500	杨健
肖敏	会计、部门负责人	财务部	3,500	0	0	3,500	0	0	0	3,500	肖敏
唐丽	出纳	财务部	3,500	0	0	3,500	0	0	0	3,500	唐丽
管理人员小计			23,500	0	0	23,500	0	0	0	3,500	
杨海峰	部门经理	销售部	4,000	0	0	4,000	0	0	0	4,000	杨海峰
销售人员小计			4,000	0	0	4,000	0	0	0	4,000	
合计			27,500	0	0	27,500	0	0	0	27,500	

总经理：张璟　　财务审核：肖敏　　制单：唐丽

附件 12－2：

2020年8月个税计算表

部门	姓名	累计工资收入	累计专项扣除	累计基本减除费用	累计专项附加扣除						累计预扣预缴应纳税所得额	适用税率	速算扣除	累计应预扣预缴税款	已预缴税款预扣	本期实际应预扣预缴税款额
					累计子女教育	累计住房贷款利息	累计住房租金	累计赡养老人	累计继续教育	合计						
总经办	张璟	5,000	0	5,000	2,000	0	0	1,000	0	3,000	0	0%	0	0	0	0
	刘芸	4,500	0	5,000	0	1,000	0	2,000	0	3,000	0	0%	0	0	0	0
采购部	王翔	3,500	0	5,000	0	1,000	0	2,000	0	3,000	0	0%	0	0	0	0
仓储部	杨健	3,500	0	5,000	0	0	0	0	0	0	0	0%	0	0	0	0
财务部	肖敏	3,500	0	5,000	2,000	0	0	0	1,000	3,000	0	0%	0	0	0	0
	唐丽	3,500	0	5,000	0	0	0	0	0	0	0	0%	0	0	0	0
管理人员合计		23,500	0	30,000	4,000	2,000	0	5,000	1,000	12,000	0			0	0	0
销售部	杨海峰	4,000	0	5,000	2,000	1,000	0	1,000	1,000	3,000	0	0%	0	0	0	0
销售人员合计		4,000	0	5,000	2,000	1,000	0	1,000	1,000	3,000	0			0	0	0
合计		27,500	0	35,000	6,000	3,000	0	6,000	2,000	15,000	0			0	0	0

总经办：张璟　　财务审核：肖敏　　制单：唐丽

备注：个税每月预缴，如有数据错误，可在下年初个税汇算时更正修改。

附件 12－3：

中国银行
现金支票存根
10207859
22951231

附加信息

出票日期：2020年08月30日

收款人：唐丽

金额：￥27,500

用途：发工资

单位主管　　　　会计

业务 13	8 月 31 日	计提资金账簿印花税 1,000 元	印花税计提表

附件 13：

税金及附加计算表

编制日期：2020年8月30日　　　　单位：元

应交税费明细项目	计算依据	计税金额	税率	优惠税率	应纳税额	备注
印花税（资金账簿）	实收资本	4,000,000.00	0.5‰	0.25‰	¥1,000.00	
合计						

复核人：　　　　制表人：肖敏

【业务重点】

企业初创期的账务处理、资金账簿印花税的计提。

【训练要求】

根据原始凭证填制记账凭证，登记明细账、总账、现金日记账、银行存款日记账。

【总结】

二、2020年9月份业务清单

表2-5

业务编号	日期	摘要	凭证
业务1	9月3日	采购部王翔购买办公家具2万元	合同（略）、发票、付款申请单、银行回单
业务2	9月4日	总经办刘芸报销业务接待费用1,600元	发票、费用报销单
业务3	9月5日	出纳取现15,000元	现金支票存根
业务4	9月5日	归还股东现金5,000元	现金收据
业务5	9月6日	总经办报销人才招聘费用2,600元	发票、费用报销单
业务6	9月7日	总经办报销车辆加油费315元	车辆租赁合同（略）、发票、费用报销单
业务7	9月8日	总经办购买复印机7,910元	合同（略）、发票、付款申请单、银行回单
业务8	9月10日	缴纳资金账簿印花税1,000元	银行回单、缴税凭证、完税凭证
业务9	9月18日	财务部报销购买税控开票系统费用460元	费用报销单、发票
业务10	9月19日	总经办报销宽带安装使用费1,200元	发票、费用报销单
业务11	9月20日	总经办刘芸报销办公室水电费用424.60元	发票、费用报销单
业务12	9月20日	采购部王翔预支差旅费2,000元	借支单
业务13	9月25日	财务部唐丽购买用友软件9,040元	合同（略）、发票、支付审批单、银行回单
业务14	9月30日	计提现金发放9月工资28,950元	工资表、个税计算表、现金支票存根
业务15	9月30日	计提固定资产折旧本月折旧700.6元	固定资产折旧表
业务16	9月30日	长期费用摊销本月摊销5,030.03元	房租、装修费用摊销表
业务17	9月30日	计提本季度企业所得税	企业所得税计提表

【原始凭证】

业务 1	9 月 3 日	采购部王翔购买办公家具 2 万元	合同（略）、发票、付款申请单、银行回单

附件 1－1：

云南增值税专用发票

5300173532 0　教学专用

No 39224030　5300183322　29825030

校验码 47003 25798 12324 01104

开票日期：2020年09月03日

购买方	名　　称：昆明卓锦商贸有限公司 纳税人识别号：1122333445566M 地 址、电 话：云南省昆明市五华区中山路251号　0871-6666666 开户行及账号：中国银行昆明市中山路支行　1340375×××3	密码区	79+ 55/5 /<-3-3> 2>5/-3*0<<756587- *2-00+883+*89+-0213-/-5-/<08+355>3 ++*33443-**>-305381*3<>+70<+338*-> 687340>03+*89+-013-/-5--74*7484389

货物或应税劳务名称	规格型号	单位	数量	单价	金额	税率	税额
*家具*沙发	WW80K5210VG	套	2	3,006.8101593	6,013.62	13%	781.77
*家具*茶几	WW80K5350VG	套	2	1,644.4270853	3,288.85	13%	427.55
*家具*文件柜	WW80K6780VG	个	6	645.5305032	3,873.18	13%	503.51
*家具*办公桌	WW80K2680VG	个	8	324.3413453	2,594.73	13%	337.31
*家具*办公椅	WW80K5356VG	把	8	241.0922970	1,928.74	13%	250.74
合　　计					¥17,699.12		¥2,300.88
价税合计（大写）	⊗贰万元整				（小写）¥20,000.00		

销货单位	名　　称：云南得胜家居企业集团有限公司 纳税人识别号：91441424MA5696CM3E 地 址、电 话：昆明市官渡区家具城45号得胜企业办公家具 13588888888 开户行及账号：中国工商银行昆明市青云路支行 62122 62502 12456 1234	备注	云南得胜家居企业集团有限公司 123456789 发票专用章

收款人：徐军　　复核：陈哲　　开票人：张俊　　销货单位：（章）

税总函 [2017] 号 xxxxxxxxx 公司

第三联：发票联 购买方记账凭证

附件 1－2：

付款申请单

收款单位	云南得胜家居企业集团有限公司	申请时间	2020 年 09 月 03 日
付款事由	办公家具购置费		
付款方式	☑电汇　□现金　□支票　□汇票		
付款金额	¥20,000.00		
开户行	中国工商银行昆明市青云路支行	银行账号	62122 62502 12456 1234
备注			

申请人：王翔　　财务：肖敏　　总经理审批：张璟

附件 1－3：

国内支付业务付款回单

教学专用

客户名：394187759　　日期：2020年09月03日

收款人账号：53066782037051003224　　付款人账号：1340376×××3

收款人名称：云南得胜家居企业集团有限公司　　付款人名称：昆明卓锦商贸有限公司

收款人开户银行：中国工商银行昆明市青云路支行　　付款人开户行：中国银行昆明市中山路支行

金额：CNY20,000.00

人民币贰万元整

报文种类：beps.121.001.01-客户发起普通贷记业务报文

业务类型：A100-普通汇兑　　收支申报号：

业务标识号：2020050638365921　　业务编号：

发起行行号：104731007026　　接收行行号：105731003182

发起行名称：中国银行昆明市中山路支行　　接收行名称：中国工商银行昆明市青云路支行

入账账号：53066782037051003224　　入账户名：云南得胜家居企业集团有限公司

用途：

附言：家具购置费

打印时间：2020-09-03 19:45:10　　打印次数：1

中国银行股份有限公司 昆明市中山路支行 业务专用章 11GUEN44 WU4JGNIN

附件 1－4：

客户付费回单

教学专用

客户名：393175963　　日期：2020年09月03日

付 款人账号：1340376×××3

付款人名称：昆明卓锦商贸有限公司

付款人开户行：中国银行昆明市中山路支行

金额：CNY50.00

人民币伍拾元整

业务编号：

费用名称：对公跨行转账汇款手续费

附言：

自助打印，避免重复

交易机构：15818　　交易渠道：网上银行　　交易流水号：162194826-405　　经办：

回单编号：2020041376665489　　回单验证码：278N3BJSNTE7

中国银行股份有限公司 昆明市中山路支行 业务专用章 11GUEN44 WU4JGNIN

打印时间：2020-09-03 16:45:10　　打印次数：1

业务 2	9 月 4 日	总经办刘芸报销业务接待费 1,600 元	发票、费用报销单

附件 2－1：

费 用 报 销 单

现金付讫

部门 总经办　　　　报销日期 2020 年 09 月 04 日

费 用 项 目	票据张数	金额（元）	备注
业务招待费	1	1,600.00	
报 销 金 额 合 计		1,600.00	
金额（大写） 零 拾 零 万 壹 仟 陆 佰 零 拾 零 元 零 角 零 分　¥1,600.00			

单位负责人：张璟　　验收或证明人：王翔　　部门负责人：　　财务：肖敏　　报销人：刘芸

附件 2－2：

税总函[2017]号xxxxxxxxx公司

云南增值税普通发票

53001735320　　No 39224030

教学专用　　5300183322　29825030

校验码 47003 25798 12324 01104

开票日期：2020年09月04日

购买方	名　　称：昆明卓锦商贸有限公司 纳税人识别号：112233445566M 地 址、电 话：云南省昆明市五华区中山路251号　0871-6666666 开户行及账号：中国银行昆明市中山路支行　1340376×××3	密码区	79+ 55/5 /<-3-3> 2>5/-3*0<<736587- *2-00+883+*289+-013-/-5-4/<048+3>3 ++*33443-**>-3045381*3<>+70<+38*-> 687340>03+*89+-013-/-5--74*7484389

货物或应税劳务名称	规格型号	单位	数量	单价	金额	税率	税额
*服务费*餐费			1	1,553.3980000	1,553.4	3%	46.6
合　计					¥1,553.40		¥46.60
价税合计（大写）	⊗ 壹仟陆佰元整				（小写）¥1,600.00		

销货单位	名　　称：昆明君爱酒店有限公司 纳税人识别号：91441424MA564CM3E 地 址、电 话：云南省昆明市五华区洪化桥34号 13575577777 开户行及账号：工商银行昆明市青云路支行 62122 62502 90056 1234	备注	昆明君爱酒店有限公司 123456789 发票专用章

收款人：罗嘉　　复核：鲍正　　开票人：郑月　　销货单位：（章）

第二联：发票联 购买方记账凭证

业务 3	9 月 5 日	出纳取现 15,000 元	现金支票存根

附件 3：

中国银行
现金支票存根
10207859
22951231

附加信息

出票日期：2020年09月05日

收款人：唐丽

金额：¥15,000.00

用途：备用金

单位主管　　会计

业务 4	9 月 5 日	归还股东现金 5,000 元	现金收据

附件 4：

收 款 收 据　　NO. 0012075

2020 年 09 月 05 日

今 收 到 昆明卓锦商贸有限公司归还现金5,000元

金额（大写） 零 拾 零 万 伍 仟 零 佰 零 拾 零 元 零 角 零 分

¥ 5,000.00　☑ 现金　☐ 支票　☐ 信用卡　☐ 其他　收款单位（盖章）张璟

第三联会计联

核准　会计 肖敏　记账　出纳 唐丽　经手人

业务5	9月6日	总经办报销人才招聘费用2,600元	发票、费用报销单

附件5－1：

费 用 报 销 单

现金付讫

部门　总经办　　　　报销日期　2020 年 09月06日

费 用 项 目	票据张数	金额（元）	备注
人才招聘	1	2,600.00	
报 销 金 额 合 计		2,600.00	
金额（大写） 零 拾 零 万 贰 仟 陆 佰 零 拾 零 元 零 角 零 分 ¥2,600.00			

单位负责人：张璟　　验收或证明人：杨健　　部门负责人：　　财务：唐丽　　报销人：刘芸

附件5－2：

云南增值税专用发票

5300178 4320　　教学专用　　№ 39224030　5300183322　29825030

校验码 47003 25798 01324 01104

开票日期：2020年09月04日

购买方	名　　称：昆明卓锦商贸有限公司 纳税人识别号：112233445566M 地 址、电 话：昆明市五华区中山路251号　0871-6666666 开户行及账号：中国银行昆明市中山路支行　1340376×××3	密码区	79+ 55/5 /<-3-3> 2>5/-3*0<<787-345 *2-00+883+*89+-013-/-5-/<08+3>3211 ++*33443-**>-305381*3<>+70<+38*->3 687340>03+*89+-013-/-5--74*7484389

货物或应税劳务名称	规格型号	单位	数量	单价	金额	税率	税额
*人力资源服务*招聘费		项	1	2,452.8300000	2,452.83	6%	147.17
合　计					¥2,452.83		¥147.17
价税合计（大写）	⊗贰仟陆佰元整				（小写）¥2,600.00		

销货单位	名　　称：智联招聘云南分公司 纳税人识别号：23894678799Y 地 址、电 话：云南省昆明市官渡区北京路2号　0871-555989755 开户行及账号：中国银行北京路支行　1328990029806	备注	

收款人：张紫芸　　复核：黎明　　开票人：张悦　　销货单位：（章）

智联招聘云南分公司　189930999YUH　发票专用章

税总函[2017]号 xxxxxxxxxx公司

第三联：发票联　购买方记账凭证

业务6	9月7日	总经办报销车辆加油费315元	车辆租赁合同（略）、发票、费用报销单

附件6－1：

费 用 报 销 单

现金付讫

部门 总经办　　　　报销日期 2020 年 09月07日

费 用 项 目	票据张数	金额（元）	备注
车辆加油费	1	315.00	
报 销 金 额 合 计		315.00	
金额（大写） 零 拾 零 万 零 仟 叁 佰 壹 拾 伍 元 零 角 零 分		¥315.00	

单位负责人：张璟　验收或证明人：王翔　部门负责人：　财务：唐丽　报销人：刘芸

附件6－2：

云南增值税电子专用发票

成品油

教学专用

发票代码：0634567790
发票号码：04783424
开票日期：2020年09月06日
校 验 码：47003257980132

机器编号：4700325798

税总函[2017]号xxxxxxxxxx公司

购买方	名 称：昆明卓锦商贸有限公司 纳税人识别号：112233445566M 地 址、电 话：昆明市五华区中山路251号 0871-6666666 开户行及账号：中国银行昆明市中山路支行 1340376×××3	密码区	79+ 55/5 /<-3-3> 2>5/-3*0<<787-345 *2-00+883+*89+-013-/-5-/<08+3>3211 ++*33443-**>-305381*3<>+70<+38*->3 687340>03+*89+-013-/-5--74*7484389

货物或应税劳务名称	规格型号	单位	数量	单价	金额	税率	税额
*汽油*汽油92#（VIB）		升	45.5202312	6.1238704	278.76	13%	36.24
合 计					¥278.76		¥36.24
价税合计（大写）	⊗叁佰壹拾伍元整				（小写）¥315.00		

销货单位	名 称：中国石油天然气股份有限公司云南昆明销售分公司 纳税人识别号：23894672890798799Y 地 址、电 话：云南省昆明市西山区福海街道办事处滇池路555号中国石油大厦21楼 0871-6832265 开户行及账号：工行高新支行2502024529022531356	备注	

收款人：李丽媛　复核：刘颖芳　开票人：张肖芸　销货单位：（章）

中国石油天然气股份有限公司云南昆明销售分公司 189930999YUH 发票专用章

第三联：发票联 购买方记账凭证

业务 7	9 月 8 日	总经办购买复印机 7,910 元	合同（略）、发票、付款申请单、银行回单

附件 7－1：

付款申请单

收款单位	昆明光红办公设备有限公司		申请时间	2020 年 09 月 08 日
付款事由	购买设备（复印机）			
付款方式	☑电汇　　☐现金　　☐支票　　☐汇票			
付款金额	¥7,910 元			
开户行	中国银行昆明市爱民路支行	银行账号	1335782890866	
备注				

申请人：刘芸　　财务：唐丽　　总经理审批：张璟

附件 7－2：

云南增值税专用发票

5300178432O

教学专用

校验码 47003 25798 01324 01104

№ 39224030

5300183322

29825030

开票日期：2020年09月05日

购买方	
名　　称	昆明卓锦商贸有限公司
纳税人识别号	112233445566M
地 址、电 话	昆明市五华区中山路251号　0871-6656666
开户行及账号	中国银行昆明市中山路支行　1340376×××3

密码区：
79+ 55/5 /<-3-3> 2>5/-3*0<<787-345
*2-00+883+*89+-013-/-5-/<08+3>3211
++*33443-**>-305381*3<>+70<+38*->3
687340>03+*89+-013-/-5--74*7484389

货物或应税劳务名称	规格型号	单位	数量	单价	金额	税率	税额
*电子设备*佳能复印机	WWTY5688VG	台	1	7,000.0000000	7,000	13%	910
合计					¥7,000.00		¥910.00
价税合计（大写）	⊗柒仟玖佰壹拾元整				（小写）¥7,910.00		

销货单位	
名　　称	昆明光红办公设备有限公司
纳税人识别号	238797899586A
地 址、电 话	云南省昆明市西山区岸艺城商铺2-003　0871-5555555
开户行及账号	中国银行昆明市爱民路支行　1335782390866
备注	

收款人：于敏　　复核：严宇晨　　开票人：李莉莉　　销货单位：（章）

昆明光红办公设备有限公司 1122334455S 发票专用章

第三联：发票联 购买方记账凭证

税总函［2017］号 xxxxxxxxxx 公司

附件7－3：

国内支付业务付款回单

教学专用

客户名：39908709559　　日期：2020年09月05日

收款人账号：1378435×××6　　付款人账号：1340376×××3

收款人名称：昆明光红办公设备有限公司　　付款人名称：昆明卓锦商贸有限公司

收款人开户银行：中国银行昆明市爱民路支行　　付款人开户行：中国银行昆明市中山路支行

金额：CNY7,910.00

人民币柒仟玖佰壹拾元整

报文种类：beps.121.001.01-客户发起普通贷记业务报文

业务类型：A100-普通汇兑　　收支申报号：

业务标识号：2020042438365921　　业务编号：

发起行行号：1340376×××3　　接收行行号：1335782890866

发起行名称：中国银行昆明市中山路支行　　接收行名称：中国银行昆明市爱民路支行

入账账号：1335782890866　　入账户名：昆明光红办公设备有限公司

用途：

附言：付购佳能复印机款

打印时间：2020-09-30-9:45:10　　打印次数：1

中国银行股份有限公司 昆明市中山路支行 业务专用章 11GUEN44 WU4JGNIN

业务8	9月10日	缴纳资金账簿印花税1,000元	银行回单、缴税凭证、完税凭证

附件8－1：

教学专用

国内支付业务付款回单

客户号：393181559　　日期：2020年09月10日

付款人账号：1340376×××3　　收款人账号：

付款人名称：昆明卓锦商贸有限公司　　收款人名称：国家金库五华区支库

付款人开户行：中国银行昆明市中山路支行　　收款人开户行：

金额：CNY1,000.00

人民币壹仟元整

业务种类：实时缴税　　业务编号：21266060　　凭证字号：2020040754888239

纳税人识别号:112233445566M　　缴款书交易流水号：54888239　　税票号码：353016200400055764

纳税人全称：昆明卓锦商贸有限公司

征收机关名称：国家税务总局昆明市五华区税务局

收款国库（银行）名称：国家金库五华区支库

税（费）种名称	所属日期	实缴金额
印花税	2020/9/10	CNY1,000.00

交易机构：15818　　交易渠道：其他　　交易流水号：106967289-417

回单编号：2020040713156732　　回单验证码：242N3AQB6WQW

打印时间：2020-09-30　09:45:09　　打印次数：1

中国银行股份有限公司 昆明市中山路支行 业务专用章 11GUEN44 WU4JGNIN

附件 8－2：

教学专用

中国银行电子缴税凭证

转账日期：2020年09月10日　　　　凭证字号：20200407544888246

纳税人全称及纳税人识别号：昆明卓锦商贸有限公司

112233445566M

付款人全称：昆明卓锦商贸有限公司

付款人账号：1340376×××3

付款人开户银行：中国银行昆明市中山路支行　　　　收款国库（银行）名称：国家金库五华区支库

小写（合计）金额：¥1,000.00　　　　缴款书交易流水号：54888246

大写（合计）金额：人民币壹仟元整　　　　税票号码：35301620040055751

税（费）名称	所属日期	实缴金额
印花税	2020/9/10	CNY 1,000.00

第二联　作付款回单（无银行收讫章无效）　　复核　　记账

打印时间：2020-09-30 09：45:07

中国银行股份有限公司 昆明市中山路支行 业务专用章 11GUEN44 WU4JGNIN

附件 8－3：

教学专用

中华人民共和国
税收完税证明

国家税务总局 票证 监制章

No.222233334489876482

填发日期：2020年9月10日　　税务机关：国家税务局总局昆明市五华区税务分局中山分局

纳税人识别号	112233445566M		纳税人名称	昆明卓锦商贸有限公司	
原凭证号	税种	品目名称	税款所属时期	入（退）库日期	实缴（退）金额
20200407544888246	印花税	资金账簿	2020年9月10日	2020-09-10	1,000.00
合计（大写）	壹仟元整				¥1,000.00
税务机关（盖章）	填票人	备注　一般申报 正税 主管税务所（科、分局）：国家税务局总局昆明市五华区税务分局中山分局			

国家税务总局昆明市五华区税务分局中山分局 征税专用章

收据联　交纳税人作完税证明

业务9	9月18日	财务部报销购买税控开票系统费用460元	费用报销单、发票

附件9－1：

费 用 报 销 单

现金付讫

部门 财务部　　　　　　　　　　　　　　报销日期　2020 年 09 月 18 日

费 用 项 目	票据张数	金额（元）	备注
税控开票系统及技术服务费用	2	460.00	
报 销 金 额 合 计		460.00	
金额（大写） 零 拾 零 万 零 仟 肆 佰 陆 拾 零 元 零 角 零 分　　¥460.00			

单位负责人：张璟　　验收或证明人：杨健　　部门负责人：　　财务：肖敏　　报销人：唐丽

附件9－2：

云南增值税专用发票

53001735320　　教学专用　　№ 39224030　　5300183322　29825030

校验码 47003 25798 12324 01104　　　　开票日期：2020年09月18日

税总函[2017]号 xxxxxxxxx公司

购买方	名　　称：昆明卓锦商贸有限公司 纳税人识别号：112233445566M 地 址、电 话：云南省昆明市五华区中山路251号　0871-6666666 开户行及账号：中国银行昆明市中山路支行　1340376×××3	密码区：79+ 55/5 /<-3-3> 2>5/-3*0<<736587- *2-00+883+*289+-013-/-5-4/<048+3>3 ++*33443-**>-3045381*3<>+70<+38*-> 687340>03+*89+-013-/-5--74*7484389

货物或应税劳务名称	规格型号	单位	数量	单价	金额	税率	税额
*税控设备*金税盘	WIN20	个	1	159.2920000	159.29	13%	20.71
合　　计					¥159.29		¥20.71
价税合计（大写）	⊗ 壹佰捌拾元整				（小写）¥180.00		

销货单位	名　　称：昆明四通科技有限公司 纳税人识别号：9153010076387817XG 地 址、电 话：南省昆明经开区经开路3号昆明科技创新园2B20-1室　13575577777 开户行及账号：工商银行昆明市青云路支行 62122 62502 90056 1234	备注

收款人：张敏　　复核：胡慧　　开票人：岳格　　销货单位：（章）

昆明四通科技有限公司 123456789 发票专用章

第三联：发票联 购买方记账凭证

附件 9－3：

云南增值税专用发票

5300173532O　　教学专用　　№ 39224030　　5300183322　29825030

校验码 47003 25798 12324 01104　　开票日期：2020年09月18日

税总函[2017]号 xxxxxxxxxx 公司

购买方	名　　称：昆明卓锦商贸有限公司 纳税人识别号：112233445566M 地 址、电 话：云南省昆明市五华区中山路251号　0871-6666666 开户行及账号：中国银行昆明市中山路支行　1340376×××3	密码区	79+ 55/5 /<-3-3> 2>5/-3*0<<736587- *2-00+883+*289+-013-/-5-4/<048+3>3 ++*33443-**>-3045381*3<>+70<+38*-> 687340>03+*89+-013-/-5--74*7484389

货物或应税劳务名称	规格型号	单位	数量	单价	金额	税率	税额
*软件维护服务*技术服务			1	264.1500000	264.15	6%	15.85
合　计					¥264.15		¥15.85
价税合计（大写）	⊗贰佰捌拾元整				（小写）¥280.00		

销货单位	名　　称：昆明四通科技有限公司 纳税人识别号：9153010076387817XG 地 址、电 话：南省昆明经开区经开路3号昆明科技创新园2B20-1室　13575577777 开户行及账号：工商银行昆明市青云路支行 62122 62502 90056 1234	备注	昆明四通科技有限公司 123456789 发票专用章

收款人：张敏　　复核：胡慧　　开票人：岳格　　销货单位：（章）

第三联：发票联 购买方记账凭证

业务 10	9 月 19 日	总经办报销宽带安装使用费 1,200 元	发票、费用报销单

附件 10－1：

费　用　报　销　单　　现金付讫

部门 总经办　　销日期　2020 年 09 月 19 日

费　用　项　目	票据张数	金额（元）	备注
宽带安装使用费	1	1,200.00	
报销金额合计		1,200.00	
金额（大写）　零 拾 零 万 壹 仟 贰 佰 零 拾 零 元 零 角 零 分　¥1,200.00			

单位负责人：张璟　　验收或证明人：王翔　　部门负责人：　　财务：肖敏　　报销人：刘芸

附件 10－2：

云南增值税专用发票

5300173532 0　　教学专用　　№ 39224030　　5300183322 29825030

校验码 47003 25798 12324 01104　　开票日期：2020年09月19日

购买方	名称：昆明卓锦商贸有限公司 纳税人识别号：112233445566M 地址、电话：云南省昆明市五华区中山路251号　0871-6666666 开户行及账号：中国银行昆明市中山路支行　1340376×××3	密码区	79+ 55/5 /<-3-3> 2>5/-3*0<<736587- *2-00+883+*289+-013-/-5-4/<048+3>3 ++*33443-**>-3045381*3<>+70<+38*-> 687340>03+*89+-013-/-5--74*7484389

货物或应税劳务名称	规格型号	单位	数量	单价	金额	税率	税额
*劳务*宽带初装费			1	275.2300000	275.23	9%	24.77
*生活服务*宽带费			1	825.6880700	825.69	9%	74.31
合计					¥1,100.92		¥99.08
价税合计（大写）	⊗壹仟贰佰元整				（小写）¥1,200.00		

销货单位	名称：昆明井通网络科技有限公司 纳税人识别号：91441424MA564CM3E 地址、电话：云南省昆明市环城北路桥34号　13575577777 开户行及账号：工商银行昆明市青云路支行　62122 62502 90056 1234	备注	（昆明井通网络科技有限公司 123456789 发票专用章）

收款人：张敏　　复核：胡悦　　开票人：岳格　　销货单位：（章）

税总函［2017］号 xxxxxxxxxx 公司

第三联：发票联　购买方记账凭证

业务 11	9 月 20 日	总经办刘芸报销办公室水电费用 424.60 元	发票、费用报销单

附件 11－1：

费用报销单　　现金付讫

部门：总经办　　　　报销日期　2020年09月20日

费用项目	票据张数	金额（元）	备注
办公室水费	1	232.50	
办公室电费	1	192.10	
报销金额合计		424.60	
金额（大写）零拾零万零仟肆佰贰拾肆元陆角零分			¥424.60

单位负责人：张璟　　验收或证明人：　　部门负责人：唐丽　　财务：肖敏　　报销人：刘芸

附件 11－2：

5300178432O　　云南增值税专用发票　　№ 39224030

教学专用　　　　5300183322

29825030

开票日期：2020年09月20日

校验码 47003 25798 01324 01104

购买方	名　　称：昆明卓锦商贸有限公司 纳税人识别号：112233445566M 地 址、电 话：云南省昆明市五华区中山路251号 0871-6666666 开户行及账号：中国银行昆明市中山路支行 1340376×××3	密码区	*855/5 /<-3-3> 2749+**-28269855 *2-00+883+*89+-013-897**--8449/54 ++*33443-**>-305381*3<>+70<+38*-> 687340>03+*89+-013-/-5--74*748438

货物或应税劳务名称	规格型号	单位	数量	单价	金额	税率	税额
*水冰雪*水费		吨	68.584	3.1100000	213.29624	9%	19.2
合　计					¥213.30		¥19.20
价税合计（大写）	⊗ 贰佰叁拾贰元伍角整				（小写）¥232.50		

销货单位	名　　称：昆明市自来水有限公司 纳税人识别号：663344 88664 M 地 址、电 话：云南省昆明市五华区中山路435号 0871-222222 开户行及账号：中国建设银行昆明泰和支行 1657578×××4	备注	（印章：昆明市自来水有限公司 1122887744S 发票专用章）

收款人：李丽　　复核：王敏　　开票人：李丽　　销货单位：（章）

税总函［2017］号 xxxxxxxxxx 公司

第三联：发票联 购买方记账凭证

附件 11－3：

5300178432O　　云南增值税专用发票　　№ 39224030

教学专用　　　　5300183322

29825030

开票日期：2020年09月12日

校验码 47003 25798 01324 01104

购买方	名　　称：昆明卓锦商贸有限公司 纳税人识别号：112233445566M 地 址、电 话：云南省昆明市五华区中山路251号 0871-6666666 开户行及账号：中国银行昆明市中山路支行 1340376×××3	密码区	984--/*5 /<-3-3> 2>5/-3*0<<787-** *2-00+883+*8984**/++95-/<08+3>3-> ++*33443-**>-305381*3<>+70<+38*-> 687984//**977-013-/-5--74*7484389

货物或应税劳务名称	规格型号	单位	数量	单价	金额	税率	税额
*供电*电费			200	0.8500000	170	13%	22.1
合　计					¥170.00		¥22.10
价税合计（大写）	⊗ 壹佰玖拾贰元壹角整				（小写）¥192.10		

销货单位	名　　称：云南电网公司朝星供电局 纳税人识别号：995588 55664 M 地 址、电 话：云南省昆明市盘龙区白龙路435号 0871-111111 开户行及账号：中国工商银行昆明越和支行 7766228×××6	备注	（印章：云南电网公司朝星供电局 1122334455S 发票专用章）

收款人：张章　　复核：赵敏　　开票人：王丽　　销货单位：（章）

税总函［2017］号 xxxxxxxxxx 公司

第三联：发票联 购买方记账凭证

业务12	9月20日	采购部王翔预支差旅费2,000元	借支单

附件12：

借款单

现金付讫

2020年9月20日

借款部门	采购部	姓名	王翔	事由	借差旅费		
借款金额（大写）	零 万 贰 仟 零 佰 零 拾 零 元 零 角 零 分				（小写）	¥2,000.00	
领导审批	张璟	财务审批	肖敏	部门审批		出纳付款	唐丽
借款人	王翔	备注					

业务13	9月25日	财务部唐丽购买用友软件9,040元	合同（略）、发票、支付审批单、银行回单

附件13－1：

付款申请单

银行付讫

收款单位	昆明市七星软件科技有限公司	申请时间	2020年09月25日
付款事由	购买用友软件		
付款方式	☑电汇　☐现金　☐支票　☐汇票		
付款金额	¥9,040.00		
开户行	中国银行白龙路支行	银行账号	1340548×××4
备注			

申请人：唐丽　　财务：肖敏　　总经理审批：张璟

附件 13－2：

云南增值税专用发票

53001784320　　№ 39224030

教学专用　　5300183322 29825030

校验码 47003 25798 01324 01104　　开票日期：2020年09月25日

购买方	名　　称：昆明卓锦商贸有限公司 纳税人识别号：112233445566M 地 址、电 话：云南省昆明市五华区中山路251号　0871-6666666 开户行及账号：中国银行昆明市中山路支行　1340376×××3	密码区	981447/5 /<-3-3> 2>5/-3*0<<787--> *2-+98574++89+-013-/-5-/<08+3>3-> ++*33443-**>-305381*3<>+70<+38*-> 687340>03+*89587+*--555+94*748438

货物或应税劳务名称	规格型号	单位	数量	单价	金额	税率	税额
*应用软件产品*通用应用软件	F5	套	1	8,000.0000000	8,000	13%	1040
合　　计					¥8,000.00		¥1,040.00
价税合计（大写）	⊗ 玖仟零肆拾元整				（小写）¥9,040.00		

销货单位	名　　称：昆明市七星软件科技有限公司 纳税人识别号：4466 3 3 55664 M 地 址、电 话：云南省昆明市呈贡区青龙路984号　0871-448899 开户行及账号：中国银行昆明泰和支行 1785463×××4	备注	昆明市七星软件科技有限公司 5599661144S 发票专用章

收款人：李丽　　复核：刘文　　开票人：陈丽　　销货单位：（章）

税总函［2017］号 xxxxxxxxxx 公司

第三联：发票联　购买方记账凭证

附件 13－3：

国内支付业务付款回单

教学专用

客户名：997181555　　日期：2020年09月25日

收款人账号：99881616051003225577　　付款人账号：1340376×××3

收款人名称：　昆明市七星软件科技有限公司　　付款人名称：昆明卓锦商贸有限公司

收款人开户银行：中国银行昆明市泰和支行　　付款人开户行：中国银行昆明市中山路支行

金额：CNY9,040.00

人民币玖仟零肆拾元整

报文种类：beps.121.001.01-客户发起普通贷记业务报文

业务类型：A100-普通汇兑　　收支申报号：

业务标识号：3421042438365231　　业务编号：

发起行行号：105731003182　　接收行行号：104731007026

发起行名称：中国银行昆明市中山路支行　　接收行名称：中国银行昆明市泰和支行

入账账号：53001616051003224895　　入账户名：　昆明市七星软件科技有限公司

用途：

附言：购买用友软件

打印时间：2020-09-31 09:45:10　　打印次数：1

中国银行股份有限公司 昆明市中山路支行 业务专用章 11GUEN44 WU4JGNIN

业务14	9月30日	计提现金发放9月工资28,950元	工资表、个税计算表、现金支票存根

附件 14－1：

2020年9月昆明卓锦商贸有限公司工资表

姓名	职务	部门	基本工资	加班费	考勤扣款	工资总额	代扣个人社保	代扣个人公积金	代扣个税	实发工资	签名
张璟	总经理	总经办	5,000	200	0	5,200	0	0	0	5,200	
刘芸	办公室主任	总经办	4,500	150	0	4,650	0	0	0	4,650	
王翔	部门经理	采购部	3,500	100	0	3,600	0	0	0	3,600	
杨健	仓库管理员	仓储部	3,500	100	0	3,600	0	0	0	3,600	
肖敏	会计、部门负责人	财务部	4,000	100	0	4,100	0	0	0	4,100	
唐丽	出纳	财务部	3,500	100	0	3,600	0	0	0	3,600	
	管理人员小计		24,000	750	0	24,750	0	0	0	24,750	
杨海峰	部门经理	销售部	4,000	200	0	4,200	0	0	0	4,200	
	销售人员小计		4,000	200	0	4,200	0	0	0	4,200	
	合计		28,000	950	0	28,950	0	0	0	28,950	

总经理：张璟　　财务审核：肖敏　　制单：唐丽

附件 14－2：

中国银行
现金支票存根
10207859
22951231

附加信息

出票日期：2020年09月30日

收款人：唐丽

金额：¥ 28,950.00

用途：发工资

单位主管　　会计

附件 14－3：

2020年9月个税计算表

部门	姓名	累计工资收入	累计专项扣除	累计基本减除费用	累计专项附加扣除						累计预扣预缴应纳税所得额	适用税率	速算扣除	累计应预扣预缴税款	已预缴税款预扣	本期实际应预扣预缴税款额
					累计子女教育	累计住房贷款利息	累计住房租金	累计赡养老人	累计继续教育	合计						
总经办	张璟	10,200	0	10,000	2000	0	0	2,000	0	4,000	0	0%	0	0	0	0
	刘芸	9,150	0	10,000	0	2,000	0	2,000	0	4,000	0	0%	0	0	0	0
采购部	王翔	7,100	0	10,000	0	2,000	0	4,000	0	6,000	0	0%	0	0	0	0
仓储部	杨健	7,100	0	10,000	0	0	0	0	0	0	0	0%	0	0	0	0
财务部	肖敏	8,100	0	10,000	2,000	0	0	0	2000	4,000	0	0%	0	0	0	0
	唐丽	7,100	0	10,000	0	0	0	0	0	0	0	0%	0	0	0	0
管理人员合计		48,750	0	60,000	4,000	4,000	0	8,000	2000	18,000	0			0	0	0
销售部	杨海峰	8,200	0	10,000	0	2,000	0	2,000	2000	6,000	0	0%	0	0	0	0
销售人员合计		8,200	0	10,000	0	2,000	0	2,000	2000	6,000	0			0	0	0
合计		56,950	0	50,000	4,000	6,000	0	12,000	4000	24,000	0			0	0	0

总经办：张璟　　　　财务审核：肖敏　　　　制单：唐丽

备注：个税每月预缴，如有数据错误，可在下年初个税汇算时更正修改。

业务 15	9 月 30 日	计提固定资产折旧半月折旧 700. 6 元	固定资产折旧表

附件 15：

昆明卓锦商贸有限公司固定资产折旧明细表

编制单位：昆明卓锦商贸有限公司　　2020年09月30日　　单位：元

固定资产编号	固定资产名称	固定资产类别	使用部门	入账日期	可使用年限	购买原值	残值率	净残值	月折旧额	累计折旧	净值
A202008001	电脑	电子设备	销售部	2020年8月	3年	5,309.73	5%	265.49	140.12	140.12	5,169.61
A202008002	电脑	电子设备	总经办	2020年8月	3年	5,309.73	5%	265.49	140.12	140.12	5,169.61
A202008003	电脑	电子设备	总经办	2020年8月	3年	5,309.73	5%	265.49	140.12	140.12	5,169.61
A202008004	电脑	电子设备	总经办	2020年8月	3年	5,309.73	5%	265.49	140.12	140.12	5,169.61
A202008005	电脑	电子设备	总经办	2020年8月	3年	5,309.73	5%	265.49	140.12	140.12	5,169.61
	合计					26,548.65		1,327.43	700.60	700.60	25,848.05

审核：肖敏　　制表：肖敏

业务 16	9 月 30 日	长期费用摊销半月推销 5,030.03 元	房租、装修费用摊销表

附件 16：

长期费用摊销表

编制单位：昆明卓锦商贸有限公司　　日期：2020年09月30日　　单位：元

项目	摊销时段	摊销期间数/月	预付账款	月摊销金额	本月摊销额	累计摊销	净值
办公室装修费	2020年8月–2023年8月	36	100,000.00	2,777.78	2,777.78	5,555.56	94,444.44
租金	2020年8月–2021年8月	12	27,027.03	2,252.25	2,252.25	4,504.50	22,522.53
合计			127,027.03	5,030.03	5,030.03	10,060.06	116,966.97

业务 17	9 月 30 日	计提本季度企业所得税	企业所得税计提表

附件 17：

企业所得税计提表

所属日期：自2020年01月01日至2020年12月31日

项　目	行　次	金额
累计收入总额	1	
累计成本费用总额	2	
累计利润总额	3	
累计应纳税所得额	4	
适用税率	5	25%
应纳所得税额（6=4×5）	6	
已交税额	7	
本季度应交税额（8=6-7）	8	

复核人：肖敏　　制表人：唐丽

【业务重点】

固定资产折旧处理、长期费用摊销、企业所得税计提。

【训练要求】

填制会计凭证、登记明细账、总账。

【总结】

三、2020 年 10 月业务期账务处理

表 2 – 6

业务编号	日期	摘要	凭证
业务 1	10 月 4 日	采购部王翔报销差旅费 1,600 元	差旅费报销单、车票、住宿发票、餐票
业务 2	10 月 5 日	提取备用金 5,000 元	现金支票存根、银行回单
业务 3	10 月 5 日	销售部杨海峰报销车辆维修费 1,000 元	费用报销单、发票
业务 4	10 月 6 日	从北京七星电子购进货物一批，价税合计共 667,750 元，已入库	进项发票、销售单、入库单
业务 5	10 月 7 日	支付北京七星电子货款 667,750 元	付款申请单、银行回单
业务 6	10 月 8 日	收到蒙自大兴购物广场预付货款 10,000 元	银行收款回单
业务 7	10 月 9 日	向蒙自大兴销售货物一批，价税合计共 92,500 元	销项发票、销售单
业务 8	10 月 13 日	销售部杨海峰借支差旅费 3,000 元	借款单
业务 9	10 月 14 日	向昆明大湾酒店销售货物一批，价税合计共 156,000 元	销项发票、销售单
业务 10	10 月 15 日	总经办刘芸报销办公用品 2,790 元	费用报销单、发票
业务 11	10 月 15 日	向弥勒长隆销售货物一批，价税合计共 56,500 元	销项发票、销售单
业务 12	10 月 17 日	收到蒙自大兴购物广场货款 92,500 元	银行回单
业务 13	10 月 18 日	销售部报销本月运费 1,400 元	费用报销单、运费发票
业务 14	10 月 19 日	收到昆明大湾酒店货款 156,000 元	银行回单
业务 15	10 月 19 日	向大理佳佳销售商品一批，价税合计共 156,000 元	销项发票、销售单
业务 16	10 月 20 号	收到弥勒长隆货款 119,000 元	银行回单
业务 17	10 月 30 日	增值税进项发票认证与申报抵扣	认证结果通知书、增值税专用发票抵扣联、认证结果清单、申报抵扣统计表
业务 18	10 月 31 日	计提本月工资 59,800 元、个税 134.1 元	本月工资汇总表、个税计算表
业务 19	10 月 31 日	结转本月销售成本	汇总出库单、成本计算表
业务 20	10 月 31 日	计提本月固定资产折旧 885.32 元	固定资产折旧明细表
业务 21	10 月 31 日	本月长期费用摊销 5,030.03 元、无形资产摊销 222.22 元	长期费用摊销表、无形资产摊销表
业务 22	10 月 31 日	结转本月未交增值税、计提附加税	增值税、附加税计算表

【原始凭证】

业务 1	10 月 4 日	采购部王翔报销差旅费 1,600 元	差旅费报销单、车票、住宿发票、餐票

附件 1－1：

差旅费报销单

2020年10月04日

单据及附件共 5 张

所属部门				采购部	姓名	王翔	出差事由	到成都洽谈业务	
出发		到达		起止地点		交通费	住宿费	伙食费	其他
月	日	月	日						
9	27	9	27	昆明南站-成都东站		500	450	150	
9	29	9	29	成都东站-昆明南站		500			
合计	大写金额：			人民币壹仟陆佰元整	预支旅费	¥2,000		退回金额	¥400
								补付金额	

总经理：张璟　　会计：肖敏　　出纳：唐丽　　部门经理：　　报销人：王翔

附件 1－2：

四 川 通 用 机 打 发 票

全国统一发票监制章　四川税务总局

发票联

教学专用

发票代码 153001914001

发票号码 08000001

开票日期：2020年9月27日

行业分类：经济型连锁酒店

付款方名称：昆明卓锦商贸有限公司　　付款方识别号：112233445566M

货物或劳务名称	规格	单位	单价	数量	金额
住宿费		元	225.00	2.00	450.00

合 计 人 民 币（大 写）：肆佰伍拾元整　　合　计：¥450.00

备注：

发票代码：153001914001发票号码：0800001（如与右上角印刷码不一致，发票无效！）B

收款单位名称（签章）：天府怡和食府

收款单位识别号：92530702MA6M730632　　开票人：郑龙飞

天府怡和食府　92530702MA6M730632　发票专用章

第一联：发票联（购货单位付款凭证）（手开无效）

附件 1 -3：

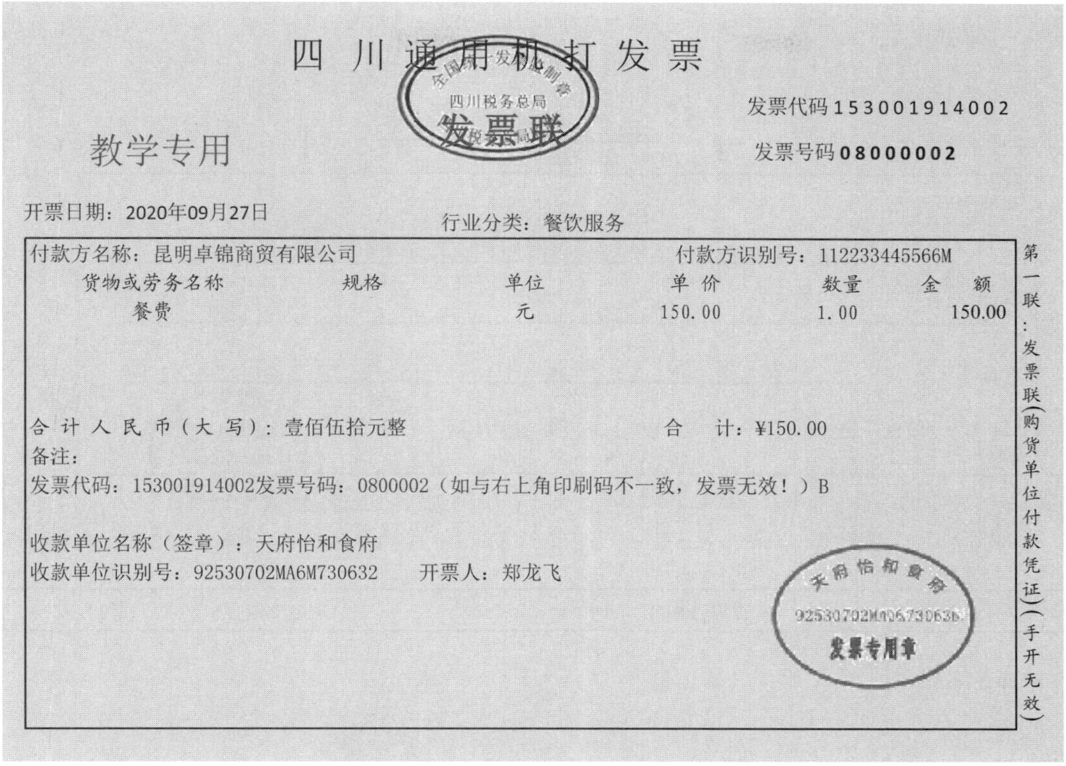

四川通用机打发票

全国统一发票监制章 四川税务总局

发票联

教学专用

发票代码 153001914002

发票号码 08000002

开票日期：2020年09月27日　　行业分类：餐饮服务

付款方名称：昆明卓锦商贸有限公司　　付款方识别号：112233445566M

货物或劳务名称	规格	单位	单价	数量	金额
餐费		元	150.00	1.00	150.00

合计人民币（大写）：壹佰伍拾元整　　合计：¥150.00

备注：

发票代码：153001914002发票号码：0800002（如与右上角印刷码不一致，发票无效！）B

收款单位名称（签章）：天府怡和食府

收款单位识别号：92530702MA6M730632　　开票人：郑龙飞

天府怡和食府 92530702MA6M730632 发票专用章

第一联：发票联（购货单位付款凭证）（手开无效）

附件 1 -4：

10000001

昆明南站 G1 成都东站

KunMingNan　ChengDuDong

2020年 9 月27日 8：09 开　　01车 01号

¥ 500 元　　网　　高铁二等座

限乘当日当次车

1101012000****0000 王翔

买票请到12306 发货请到95306

中国铁路祝您旅途愉快

8813338329804031OP171 昆明售

附件 1 -5：

100000002

成都东站 G2 昆明南站

ChengDuDong　KunMingNan

2020年 9 月29日 9：00开　　2车 3号

¥ 500.00 元　　网　　高铁二等座

限乘当日当次车

1101012000****0000 王翔

买票请到12306 发货请到95306

中国铁路祝您旅途愉快

8813338329804031OP172 成都售

附件 1－6：

收　款　收　据

NO.0012073

2020 年 10 月 04 日

今　收　到　采购部王翔退回预支差旅费400元

金额（大写）零　拾　零　万　零　仟　肆　佰　零　拾　零　元　零　角　零　分

¥ 400.00　☑ 现金　□ 支票　□ 信用卡　□ 其他　收款单位（盖章）

昆明卓锦商贸有限公司 112233445566M 财务专用章

核准　　会计 肖敏　　记账　　出纳 唐丽　　经手人 王翔

第三联会计联

业务 2	10 月 5 日	提取备用金 10,000 元	现金支票存根、银行回单

附件 2－1：

教学专用

中国银行
现金支票存根
10207859
22957451

附加信息

出票日期：2020年10月05日

收款人：昆明卓锦商贸有限公司

金额：¥10,000.00

用途：备用金

单位主管　　会计

附件 2－2：

国内支付业务付款回单

教学专用

客户号：393175963　　日期：2020年10月05日

收款人账号：　　付款人账号：134037×××3

收款人名称：　　付款人名称：昆明卓锦商贸有限公司

收款人开户银行：　　付款人开户行：中国银行昆明市中山路支行

金额：CNY10,000.00

人民币壹万元整

报文种类：beps.121.001.01-客户发起普通贷记业务报文

业务类型：A100-普通汇兑　　收支申报号：

业务标识号：2020042438365921　　业务编号：

发起行行号：123456789012　　接收行行号：

发起行名称：中国银行昆明市中山路支行　　接收行名称：

入账账号：　　入账户名：

用途：

附言：备用金

打印时间：2020-10-31 10:37:07　　打印次数：1

中国银行股份有限公司 昆明市中山路支行 业务专用章 11GUEN44 WU4JGNIN

业务 3	10 月 5 日	销售部杨海峰报销车辆维修费 1,000 元	费用报销单、发票

附件 3－1：

费　用　报　销　单

部门：销售部　　报销日期　2020年10月05日

费　用　项　目	票据张数	金额（元）	备注
车辆维修费	1	1,000	
报 销 金 额 合 计		1,000.00	
金额（大写）零拾　零万　壹仟　零佰　零拾　零元　零角　零分　　¥1,000.00			

单位负责人：张璟　　验收或证明人：　　部门负责人：　　财务：肖敏　　报销人：杨海峰

附件 3－2：

云南增值税电子专用发票

53001784320 教学专用

No 39224030
5300183322
29825030

开票日期：2020年10月05日

校验码 47003 25798 01324 01104

税总函［2017］号 xxxxxxxxxx 公司

购买方	名称：昆明卓锦商贸有限公司 纳税人识别号：112233445566M 地址、电话：云南省昆明市五华区中山路251号 0871-6666666 开户行及账号：中国银行昆明市中山路支行 1340376×××3	密码区	79+ 55/5 /<-3-3> 2>5/-3*0<<787-233 *2-00+883+*89+-013-/-5-/<08+3>3345 ++*33443-**>-305381*3<>+70<+38*->4 687340>03+*89+-013-/-5--74*7484389

货物或应税劳务名称	规格型号	单位	数量	单价	金额	税率	税额
*汽车维修*维修费					943.3962264	6%	56.60377358
合计					¥943.40		¥56.60
价税合计（大写）	⊗壹仟元整				（小写）¥1,000.00		

销货单位	名称：昆明腾飞汽车维修服务有限公司 纳税人识别号：915300000198768632 地址、电话：云南省昆明市五华区中山路456号 0871-6667895 开户行及账号：中国工商银行五华区支行 25012347538955	备注	

收款人：李伟　复核：周梅　开票人：李飞　销货单位：（章）

第三联：发票联 购买方记账凭证

昆明腾飞汽车维修服务有限公司 123456789 发票专用章

业务 4	10 月 6 日	购进货物一批：北京七星电子，价税合计 667,750 元已入库	进项发票、销售单、入库单

附件 4－1：

北京增值税专用发票

53001784320 教学专用

No 39224030
5300183322
29825030

开票日期：2020年10月06日

校验码 47003 25798 01324 01104

税总函［2017］号 xxxxxxxxxx 公司

购买方	名称：昆明卓锦商贸有限公司 纳税人识别号：112233445566M 地址、电话：昆明市五华区中山路251号 0871-6666666 开户行及账号：中国银行昆明市中山路支行 1340376×××3	密码区	79+ 55/5 /<-3-3> 2>5/-3*0<<787-346 *2-00+883+*89+-013-/-5-/<08+3>3356 ++*33443-**>-305381*3<>+70<+38*->5 687340>03+*89+-013-/-5--74*7484389

货物或应税劳务名称	规格型号	单位	数量	单价	金额	税率	税额
*家用制冷器具*七星电冰箱	DB001M	台	40	1,415.9292035	56,637.16814	13%	7,362.831858
*家用清洁电器具*七星洗衣机	WX003D	台	30	3,429.2035398230	102,876.11	13%	13,373.89
*家用清洁电器具*七星洗衣机	WX001K	台	60	4,092.920354	245,575.22	13%	31,924.78
*家用制冷器具*七星电冰箱	DB012M	台	60	3,097.345133	185,840.71	13%	24,159.29
合计					¥590,929.21		¥76,820.79
价税合计（大写）	⊗陆拾陆万柒仟柒佰伍拾元整				（小写）¥667,750.00		

销货单位	名称：北京七星电子有限公司 纳税人识别号：915300001234567891 地址、电话：北京市××区××路102号 010-××××××1 开户行及账号：中国银行北京市××路支行 123456789	备注	

收款人：唐丽　复核：肖敏　开票人：唐丽　销货单位：（章）

第三联：发票联 购买方记账凭证

北京七星电子有限公司 123456789 发票专用章

附件 4－2：

北京七星电子有限公司

销 售 单

地址：北京市××区××路102号　　NO：1105614

电话：010-××××××1

客户名称：昆明卓锦商贸有限公司

地址电话：昆明市五华区中山路251号　　0870-6666666　　日期2020年10月06日

编码	产品名称	规格	单位	单价	数量	金额	备注
	七星电冰箱	DB001M	台	1,600.00	40.00	64,000.00	
	七星洗衣机	WX003D	台	3,875.00	30.00	116,250.00	
	七星洗衣机	WX001K	台	4,625.00	60.00	277,500.00	
	七星电冰箱	DB012M	台	3,500.00	60.00	210,000.00	
合计	人民币（大写）：陆拾陆万柒仟柒佰伍拾元整					¥667,750.00	

客户联

销售经理：罗军　　会计：管婷　　经办人：罗军　　仓管：陈可　　签收人：杨健

附件 4－3：

入 库 单

2020年　10　月　06　日　　供应商：北京七星电子有限公司　　NO.　52457896

编码	品名	型号、规格	单位	数量	单价	金额	附注
	七星电冰箱	DB001M	台	40	1,415.93	56,637.17	
	七星洗衣机	WX003D	台	30	3,429.2	102,876.11	
	七星洗衣机	WX001K	台	60	4,092.92	245,575.22	
	七星电冰箱	DB012M	台	60	3,097.35	185,840.71	
采购员 王翔	验货员	负责人	仓管员	杨健	合计	¥590,929.20	

第二联　财务联

注：第一联存根，第二联财务，第三联仓库

业务 5	10 月 7 日	支付北京七星电子货款 667,750 元	付款申请单、银行回单

附件 5－1：

付款申请单

收款单位	北京七星电子有限公司		申请时间	2020 年 10 月 07 日
付款事由	支付货款			
付款方式	☑电汇　　□现金　　□支票　　□汇票			
付款金额	¥667,750.00		（大写）	陆拾陆万柒仟柒佰伍拾元整
开户行	中国银行北京市 XX 路支行	银行账号	123456789	
备注	支付货款			

申请人：王翔　　　　财务：肖敏　　　　总经理审批：张璟

附件 5－2：

国内支付业务付款回单

教学专用

客户号：393175963　　　　日期：2020年10月07日

收款人账号：123456789　　　　付款人账号：1340376×××3

收款人名称：北京七星电子有限公司　　　　付款人名称：昆明卓锦商贸有限公司

收款人开户银行：中国银行北京市××路支行　　　　付款人开户行：中国银行昆明市中山路支行

金额：CNY667,750.00

人民币陆拾陆万柒仟柒佰伍拾元整

报文种类：beps.121.001.01-客户发起普通贷记业务报文

业务类型：A100-普通汇兑　　　　收支申报号：

业务标识号：2020042438365921　　　　业务编号：

发起行行号：1123456789012　　　　接收行行号：012123456789

发起行名称：中国银行昆明市中山路支行　　　　接收行名称：中国银行北京市××路支行

入账账号：123456789　　　　入账户名：

用途：

附言：支付货款

打印时间：2020-10-31 11:37:24　　　　打印次数：1

中国银行股份有限公司 昆明市中山路支行 业务专用章 11GUEN44 WU4JGNIN

业务6	10月8日	收到蒙自大兴购物广场预付货款10,000元	银行收款回单

附件6：

国内支付业务收款回单

教学专用

客户名：393175963　　日期：2020年10月8日

收款人账号：1340376×××3　　付款人账号：123456789

收款人名称：昆明卓锦商贸有限公司　　付款人名称：蒙自大兴购物广场有限公司

收款人开户银行：中国银行昆明市中山路支行　　付款人开户行：农业银行蒙自市××路支行

金额：CNY10,000.00

人民币壹万元整

报文种类：beps.121.001.01-客户发起普通贷记业务报文

业务类型：A100-普通汇兑　　收支申报号：

业务标识号：2020042438365921　　业务编号：

发起行行号：105731003182　　接收行行号：104731007026

发起行名称：农业银行蒙自市××路支行　　接收行名称：中国银行昆明市中山路支行

入账账号：1340376×××3　　入账户名：昆明卓锦商贸有限公司

用途：

附言：预付货款

打印时间：2020-10-31 09:45:10　　打印次数：1

（印章：中国银行股份有限公司 昆明市中山路支行 业务专用章 11GUEN44 WU4JGNIN）

业务7	10月9日	向蒙自大兴销售货物一批，价税合计92,500元	销项发票、销售单

附件7－1：

云南增值税专用发票

5300178432 0　　No 39224030

5300183322

29825030

教学专用

此联不作报销、扣税凭证使用

开票日期：2020年10月09日

校验码 47003 25798 01324 01104

税总函[2017]号 xxxxxxxxxx公司

购买方	名称：蒙自大兴购物广场有限公司 纳税人识别号：915300001234567895 地址、电话：蒙自市××区××路21号 1380××××××3 开户行及账号：农业银行蒙自市××路支行 123456789	密码区	79+ 55/5 /<-3-3> 2>5/-3*0<<787-123 *2-00+883+*89+-013-/-5-/<08+3>3565 ++*33443-**>-305381*3<>+70<+38*->6 687340>03+*89+-013-/-5--74*7484389

货物或应税劳务名称	规格型号	单位	数量	单价	金额	税率	税额
*家用清洁电器具*七星洗衣机	WX003D	台	20	4,092.9203540	81,858.41	13%	10,641.59
合计					¥81,858.41		¥10,641.59
价税合计（大写）	⊗玖万贰仟伍佰元整				（小写）¥92,500.00		

销货单位	名称：昆明卓锦商贸有限公司 纳税人识别号：112233445566M 地址、电话：云南省昆明市五华区中山路251号 0871-6666666 开户行及账号：中国银行昆明市中山路支行 1340376×××3	备注	

收款人：唐丽　　复核：肖敏　　开票人：唐丽　　销货单位：（章）

（印章：昆明卓锦商贸有限公司 112233445566M 发票专用章）

第一联：记账联 销售方记账凭证

附件 7－2：

昆明卓锦商贸有限公司

销 售 单

地址：昆明市五华区中山路251号

电话：0871-6666666

NO：1106362

客户名称：蒙自大兴购物广场有限公司

地址电话：蒙自市××区××路21号　1380××××××3

日期：2020年10月09日

编码	产品名称	规格	单位	单价	数量	金额	备注
	七星洗衣机	WX003D	台	4,625.00	20.00	92,500.00	
合计	人民币（大写）:玖万贰仟伍佰元整					¥92,500.00	

会计联

销售经理：杨海峰　会计：肖敏　经办人：杨海峰　仓管：杨健　签收人：

业务 8	10 月 13 日	销售部杨海峰借支差旅费 3,000 元	借款单

附件 8：

借款单

现金付讫

2020年10月13日

借款部门	销售部	姓名	杨海峰	事由	差旅费
借款金额（大写）	零 万 叁 仟 零 佰 零 拾 零 元 零 角 零 分		（小写）	¥ 3,000.00	
领导审批	张璟	财务审批	肖敏	部门审批	
出纳付款	唐丽				
借款人	杨海峰	**备注**	借支差旅费3,000元		

业务 9	10 月 14 日	向昆明大湾酒店销售货物一批，价税合计 156,000 元	销项发票、销售单

附件 9－1：

云南增值税专用发票

5300178432O

教学专用

此联不作报销、抵扣凭证使用

№ 39224030

5300183322
29825030

开票日期：2020年10月14日

校验码 47003 25798 01324 01104

税总函［2017］号 xxxxxxxxx 公司

购买方	名　　称：昆明大湾酒店有限公司 纳税人识别号：915300001234567894 地 址、电 话：昆明市××区××路31号　1380××××××2 开户行及账号：工商银行昆明市××路支行　123456789	密码区	79+ 55/5 /<-3-3> 2>5/-3*0<<787-123 *2-00+883+*89+-013-/-5-/<08+3>3124 ++*33443-**>-305381*3<>+70<+38*->7 687340>03+*89+-013-/-5--74*7484389

货物或应税劳务名称	规格型号	单位	数量	单价	金额	税率	税额
*家用清洁电器具*七星洗衣机	WX001K	台	30	4,601.76991150443	138,053.1	13%	17,946.9
合计					¥138,053.10		¥17,946.90
价税合计（大写）	⊗ 壹拾伍万陆仟元整				（小写）¥156,000.00		

销货单位	名　　称：昆明卓锦商贸有限公司 纳税人识别号：112233445566M 地 址、电 话：云南省昆明市五华区中山路251号　0871-6666666 开户行及账号：中国银行昆明市中山路支行 1340376×××3	备注	（印章：昆明卓锦商贸有限公司 112233445566M 发票专用章）

收款人：唐丽　　复核：肖敏　　开票人：唐丽　　销货单位：（章）

第一联：记账联 销售方记账凭证

附件 9－2：

昆明卓锦商贸有限公司

销 售 单

地址：昆明市五华区中山路251号

电话：0871-6666666

NO：1106362

客户名称：昆明大湾酒店有限公司

地址电话：昆明市××区××路31号　1380××××××2

日期：2020年10月14日

编码	产品名称	规格	单位	单价	数量	金额	备注
	七星洗衣机	WX001K	台	5,200.00	30.00	156,000.00	
合计	人民币（大写）：壹拾伍万陆仟元整					¥156,000.00	

会计联

销售经理：杨海峰　　会计：肖敏　　经办人：杨海峰　　仓管：杨健　　签收人：

业务 10	10 月 15 日	总经办刘芸报销办公用品 2,790 元	费用报销单、发票

附件 10 －1：

费 用 报 销 单

现金付讫

部门：总经办　　　　　　　　　　　　　　报销日期　2020年10月15日

费 用 项 目	票据张数	金额（元）	备注
办公用品	1	2,790.00	
报 销 金 额 合 计		2,790.00	
金额（大写）零 拾 零 万 贰 仟 柒 佰 玖 拾 零 元 零 角 零 分			￥2,790.00

单位负责人：张璟　　验收或证明人：张璟　　部门负责人：　　　　财务：肖敏　　报销人：刘芸

附件 10 －2：

云南增值税专用发票

53001784320　　教学专用　　№ 39224030　　5300183322　29825030

校验码 47003 25798 01324 01104

开票日期：2020年10月15日

税总函 [2017] 号 xxxxxxxxxx 公司

购买方	名称：昆明卓锦商贸有限公司 纳税人识别号：112233445566M 地址、电话：云南省昆明市五华区中山路251号　0871-6666666 开户行及账号：中国银行昆明市中山路支行　1340376×××3	密码区	79+ 55/5 /<-3-3> 2>5/-3*0<<787-123 *2-00+883+*89+-013-/-5-/<08+3>3565 ++*33443-**>-305381*3<>+70<+38*->6 687340>03+*89+-013-/-5--74*7484389

货物或应税劳务名称	规格型号	单位	数量	单价	金额	税率	税额
*文具*文件框		台	20	13.2743400	265.49	13%	34.51
*纸制品*打印纸		个	8	176.9911500000	1,415.93	13%	184.07
*文具*马克笔		箱	50	4.42477876	221.24	13%	28.76
*计算机配套产品*墨盒		支	4	141.5929204	566.37	13%	73.63
合　　计					¥2,469.03		¥320.97
价税合计（大写）	⊗ 贰仟柒佰玖拾元整				（小写）¥2,790.00		

销货单位	名称：昆明晨鹏文具销售有限公司 纳税人识别号：90800909012WE 地址、电话：昆明西山区云纺国际商厦7楼8号、0775-238764 开户行及账号：中国银行西山支行　1655367AAA87	备注	昆明晨鹏文具销售有限公司 1122874665S 发票专用章

第三联：记账联 购买方记账凭证

收款人：唐丽　　复核：肖敏　　开票人：唐丽　　销货单位：（章）

业务 11	10 月 15 日	向弥勒长隆销售货物一批，价税合计 56,500 元	销项发票、销售单

附件 11 －1：

税总函[2017]号xxxxxxxxx公司

5300178432O 教学专用

云南增值税专用发票

此联不作报销、扣税凭证使用

No 39224435

5300183322
29825030

校验码 47003 25798 01324 01104

开票日期：2020年10月15日

购买方	名　　称：弥勒市长隆购物广场 纳税人识别号：915300001234567897 地 址、电 话：云南省弥勒市××路201号　1380××××××5 开户行及账号：中国银行弥勒市××路支行　123456789
密码区	79+ 55/5 /<-3-3> 2>5/-3*0<<787-123 *2-00+883+*89+-013-/-5-/<08+3>3234 ++*33443-**>-305381*3<>+70<+38*->2 687340>03+*89+-013-/-5--74*7484389

货物或应税劳务名称	规格型号	单位	数量	单价	金额	税率	税额
*家用清洁电器*七星洗衣机	WX003D	台	10	3,893.80530973451	38,938.05	13%	5,061.95
*家用制冷器具*七星电冰箱	DB001M	台	5	2,212.3893805310	11,061.95	13%	1,438.08
合　　计					¥50,000.00		¥6,500.00
价税合计（大写）	⊗ 伍万陆仟伍佰元整				（小写）¥56,500.00		

销货单位	名　　称：昆明卓锦商贸有限公司 纳税人识别号：112233445566M 地 址、电 话：云南省昆明市五华区中山路251号　0871-6666666 开户行及账号：中国银行昆明市中山路支行　1340376×××3
备注	昆明卓锦商贸有限公司 112233445566M 发票专用章

收款人：唐丽　　复核：肖敏　　开票人：唐丽　　销货单位：（章）

第一联：记账联 销售方记账凭证

附件 11 －2：

昆明卓锦商贸有限公司

销　售　单

地址：昆明市五华区中山路251号

电话：0871-6666666

NO：1106362

客户名称：弥勒市长隆购物广场

地址电话：云南省弥勒市××路201号　1380××××××5

日期：2020年10月15日

编码	产品名称	规格	单位	单价	数量	金额	备注
	七星洗衣机	WX003D	台	4,400.00	10.00	44,000.00	
	七星电冰箱	DB001M	台	2,500.00	5.00	12,500.00	
合计	人民币（大写）：伍万陆仟伍佰元整					¥56,500.00	

会计联

销售经理：杨海峰　　会计：肖敏　　经办人：杨海峰　　仓管：杨健　　签收人：

业务 12	10 月 17 日	收到蒙自大兴购物广场货款 92,500 元	银行回单

附件 12：

国内支付业务收款回单

教学专用

客户名：393175963　　日期：2020年10月17日

收款人账号：1340376×××3　　付款人账号：123456789

收款人名称：昆明卓锦商贸有限公司　　付款人名称：蒙自大兴购物广场有限公司

收款人开户银行：中国银行昆明市中山路支行　　付款人开户行：农业银行蒙自市××路支行

金额：CNY92,500.00

人民币玖万贰仟伍佰元整

报文种类：beps.121.001.01-客户发起普通贷记业务报文

业务类型：A100-普通汇兑　　收支申报号：

业务标识号：2020042438365921　　业务编号：

发起行行号：105731003182　　接收行行号：104731007026

发起行名称：农业银行蒙自市××路支行　　接收行名称：中国银行昆明市中山路支行

入账账号：1340376×××3　　入账户名：昆明卓锦商贸有限公司

用途：

附言：货款

打印时间：2020-10-17 09:45:10　　打印次数：1

（印章：中国银行股份有限公司 昆明市中山路支行 业务专用章 11GUEN44 WU4JGNIN）

业务 13	10 月 18 日	销售部报销本月运费 1,400 元	费用报销单、运费发票

附件 13－1：

费　用　报　销　单　　现金付讫

部门：采购部　　报销日期　2020年10月18日

费用项目	票据张数	金额（元）	备注
运费	1	1,400.00	
报销金额合计		1,400.00	
金额（大写）　×拾　×万　壹仟　肆佰　零拾　零元　零角　零分			¥ 1,400.00

单位负责人：张璟　　验收或证明人：　　部门负责人：　　财务：肖敏　　报销人：王翔

附件 13－2：

云南增值税专用发票

53001784320　　No 39224030　　5300183322　29825030

教学专用

校验码 47003 25798 01324 01104　　开票日期：2020年10月18日

购买方	名　　称：昆明卓锦商贸有限公司 纳税人识别号：112233445566M 地 址、电 话：云南省昆明市五华区中山路251号 0871-6666666 开户行及账号：中国银行昆明市中山路支行 1340376×××3	密码区	79+ 55/5 /<-3-3> 2>5/-3*0<<787-787 *2-00+883+**89+-013-/-5-/<08+3>3908 ++*33443-**>-305381*3<>+70<+38*->0 687340>03+**89+-013-/-5--74*7484389

货物或应税劳务名称	规格型号	单位	数量	单价	金额	税率	税额
*运输服务*运输费					1,284.40367	9%	115.5963303
合　计					¥1,284.40		¥115.60
价税合计（大写）	⊗壹仟肆佰元整				（小写）¥1,400.00		

销货单位	名　　称：昆明滇诚物流有限公司 纳税人识别号：92530702MA6M730612 地 址、电 话：云南省昆明市××区××路133号 15345692567 开户行及账号：中国银行昆明市××路支行 123456789	备注	起运点：昆明 到达地：蒙自 车种车号：货车昆A 3K99 运输货物信息：电器

收款人：徐芳　　复核：李丽　　开票人：王俊华　　销货单位：（章）

税总函〔2017〕号 xxxxxxxxx 公司

第三联：记账联 购买方记账凭证

昆明滇诚物流有限公司 92530702MA6M730612 发票专用章

业务 14	10 月 19 日	收到昆明大湾酒店货款 156,000 元	银行回单

附件 14：

国内支付业务收款回单

教学专用

客户号：393175963　　日期：2020年10月19日

收款人账号：1340376×××3　　付款人账号：123456789

收款人名称：昆明卓锦商贸有限公司　　付款人名称：昆明大湾酒店有限公司

收款人开户银行：中国银行昆明市中山路支行　　付款人开户行：中国银行昆明市××路支行

金额：CNY156,000.00

人民币壹拾伍万陆仟元整

报文种类：beps.121.001.01-客户发起普通贷记业务报文

业务类型：A100-普通汇兑　　收支申报号：

业务标识号：2020042438365921　　业务编号：

发起行行号：123456789012　　接收行行号：123456789014

发起行名称：中国银行昆明市××路支行　　接收行名称：中国银行昆明市中山路支行

入账账号：1340376×××3　　入账户名：昆明卓锦商贸有限公司

用途：

附言：货款

打印时间：2020-10-31 10:57:10　　打印次数：1

中国银行股份有限公司 昆明市中山路支行 业务专用章 11GUEN44 WU4JGNIN

业务 15	10 月 19 日	向大理佳佳销售商品一批，价税合计 156,000 元	销项发票、销售单

附件 15－1：

云南增值税专用发票

5300178432O

教学专用

此联不作报销、扣税凭证使用

№ 39224030

5300183322

29825030

校验码 47003 25798 01324 01104

开票日期：2020年10月19日

购买方	名　　称：大理市佳佳百货商场有限责任公司 纳税人识别号：915300001234567898 地 址、电 话：云南省大理市××路23号 1380××××××6 开户行及账号：交通银行大理市××路支行 123456789	密码区	79+ 55/5 /<-3-3> 2>5/-3*0<<787-478 *2-00+883+*89+-013-/-5-/<08+3>3256 ++*33443-**>-305381*3<>+70<+38*->4 687340>03+*89+-013-/-5--74*7484389

货物或应税劳务名称	规格型号	单位	数量	单价	金额	税率	税额
*家用清洁电器具*七星洗衣机	WX001K	台	30	4,601.7699115	13,8053.1	13%	17,946.9
合　　计					¥138,053.10		¥17,946.90
价税合计（大写）	⊗ 壹拾伍万陆仟元整				（小写）¥156,000.00		

销货单位	名　　称：昆明卓锦商贸有限公司 纳税人识别号：112233445566M 地 址、电 话：云南省昆明市五华区中山路251号 0871-6666666 开户行及账号：中国银行昆明市中山路支行 1340376×××3	备注	昆明卓锦商贸有限公司 112233445566M 发票专用章

收款人：唐丽　　复核：肖敏　　开票人：唐丽　　销货单位：（章）

税总函[2017]号 xxxxxxxxx 公司

第一联：记账联 销售方记账凭证

附件 15－2：

昆明卓锦商贸有限公司

销 售 单

地址：昆明市五华区中山路251号

电话：0871-6666666

NO：1106362

客户名称：大理市佳佳百货商场有限责任公司

地址电话：云南省大理市××路23号　1380××××××6　　日期：2020年10月19日

编码	产品名称	规格	单位	单价	数量	金额	备注
	七星洗衣机	WX001K	台	5,200.00	30.00	156,000.00	
合计	人民币（大写）：壹拾伍万陆仟元整					¥156,000.00	

会计联

销售经理：杨海峰　　会计：肖敏　　经办人：杨海峰　　仓管：杨健　　签收人：

业务 16	10 月 20 号	收到弥勒长隆货款 119,000 元	银行回单

附件 16：

国内支付业务收款回单

教学专用

客户号：393181559　　日期：2020年10月20日

收款人账号：1340376×××3　　付款人账号：123456789

收款人名称：昆明卓锦商贸有限公司　　付款人名称：弥勒市长隆购物广场

收款人开户银行：中国银行昆明市中山路支行　　付款人开户行：中国银行弥勒市××路支行

金额：CNY119,000.00

人民币壹拾壹万玖仟元整

报文种类：beps.121.001.01-客户发起普通贷记业务报文

业务类型：A100-普通汇兑　　收支申报号：

业务标识号：2020042438365921　　业务编号：

发起行行号：123456789012　　接收行行号：123456789012

发起行名称：中国银行弥勒市××路支行　　接收行名称：中国银行昆明市中山路支行

入账账号：1340376×××3　　入账户名：昆明卓锦商贸有限公司

用途：

附言：货款

打印时间：2020-10-30 09:45:10　　打印次数：1

中国银行股份有限公司 昆明市中山路支行 业务专用章 11GUEN44 WU4JGNIN

业务 17	10 月 30 日	增值税进项发票认证与申报抵扣	认证结果通知书、增值税专用发票抵扣联（略）、认证结果清单、申报抵扣统计表

附件 17－1：

教学专用

认证结果通知书

昆明卓锦商贸有限公司：

你单位于　　　年　　　月报送的防伪税控系统开具的专用发票抵扣联共　　　份。经过认证，认证相符的专用发票　　份，税额　　　　　元。现将认证相符的专用发票抵扣联退还给你单位，请查收。

请将认证相符专用发票抵扣联与本通知书一起装订成册，作为纳税检查的备查资料。

认证详细情况请见本通知书所附清单。

年　　月　　日

附件 17 – 2：

增值税专用发票认证结果清单（认证相符）

教学专用

所属期：　　年　　月

企业名称：昆明卓锦商贸有限公司　　纳税人识别号：112233445566M

序号	发票代码	发票号码	开票日期	销方名称	金额	税率	税额	认证结果	发票类型
1								认证相符	专用发票
2									
3									
4									
5									
6									
7									
8									
合计：									
制表人：		制表时间：	年　月　日	接受人：			接受时间：	年　月　日	

附件 17 – 3：

申报抵扣发票统计表

教学专用

报表更新时间：　　年　　月　　日

企业名称：昆明卓锦商贸有限公司

纳税人识别号：112233445566M　　认证月份：　　年　月　　单位（元）

发票类型	发票份数	金额	税额
增值税专用发票			
机动车销售统一发票			
通行费发票			
出口转内销发票			
海关缴款书			
出口转内销海关缴款书			
总计			

业务18	10月31日	计提本月工资59,800元、个税134.1元	本月工资汇总表、个税计算表

附件18－1：

2020年10月昆明卓锦商贸有限公司工资表

姓名	职务	部门	基本工资	加班费	考勤扣款	工资总额	代扣个人社保	代扣个人公积金	代扣个税	实发工资	签名
张璟	总经理	总经办	15,000	200	0	15,200			112.8	15,087.2	
刘芸	办公室主任	总经办	13,000	200	0	13,200			21.3	13,178.7	
王翔	部门经理	采购部	3,800	200	0	4,000			0	4,000	
杨健	仓库管理员	仓储部	3,800	200	0	4,000			0	4,000	
肖敏	会计、部门负责人	财务部	5,500	200	0	5,700			0	5,700	
唐丽	出纳	财务部	5,000	200	0	5,200			0	5,200	
管理人员小计			46,100	1,200	0	47,300			134.1	47,165.9	
杨海峰	部门经理	销售部	12,000	500	0	12,500			0	12,500	
销售人员小计			12,000	500	0	12,500			0	12,500	
合计			58,100	1,700	0	59,800			134.1	59,665.9	

总经理：张璟　　财务审核：肖敏　　制单：唐丽

附件 18－2：

2020年10月个税计算表

部门	姓名	累计工资收入	累计专项扣除	累计基本减除费用	累计专项附加扣除						累计预扣预缴应纳税所得额	适用税率	速算扣除	累计应预扣预缴税款	已预缴税款预扣	本期实际应预扣预缴税款额
					累计子女教育	累计住房贷款利息	累计住房租金	累计赡养老人	累计继续教育	合计						
总经办	张璟	25,400	640	15,000	3,000	0	0	3,000	0	6,000	3,760	3%	0	112.8	0	112.8
	刘芸	22,350	640	15,000	0	3,000	0	3,000	0	6,000	710	3%	0	21.3	0	21.3
采购部	王翔	11,100	640	15,000	0	3,000	0	6,000	0	9,000	0	0%	0	0	0	0
仓储部	杨健	11,100	640	15,000	0	0	0	0	0	0	0	0%	0	0	0	0
财务部	肖敏	13,800	640	15,000	3,000	0	0	0	3,000	6,000	0	0%	0	0	0	0
	唐丽	12,300	640	15,000	0	0	0	0	0	0	0	0%	0	0	0	0
管理人员合计		96,050	3,840	60,000	6,000	6,000	0	12,000	3,000	27,000	4,470			134.1	0	134.1
销售部	杨海峰	20,700	640	15,000	0	3,000	0	3,000	3,000	9,000	0	0%	0	0	0	0
销售人员合计		20,700	640	15,000	0	3,000	0	3,000	3,000	9,000	0			0	0	0
合计		116,750	4,480	75,000	6,000	9,000	0	18,000	6,000	36,000	0			134.1	0	134.1

总经办：张璟　　财务审核：肖敏　　制单：唐丽

备注：个税每月预缴，如有数据错误，可在下年初个税汇算时更正修改。

业务 19	10 月 31 日	结转本月销售成本	汇总出库单、成本计算表

附件 19：

2020年10月份销售产品成本计算表

编制单位：昆明卓锦商贸有限公司

单位：元

商品名称	规格	期初数量	单价	期初结存金额	本期购入数量	本期购入金额	本期发出数量	本期发出金额	期末结存数量	单价	期末结存金额
合计		0		0.00					0.00		0.00

审核：　　　　制表：

业务 20	10 月 31 日	计提本月固定资产折旧 885.32 元	固定资产折旧明细表

附件 20：

昆明卓锦商贸有限公司固定资产折旧明细表

编制单位：昆明卓锦商贸有限公司　　2020年10月31日　　单位：元

固定资产编号	固定资产名称	固定资产类别	使用部门	入账日期	可使用年限	购买原值	残值率	净残值	月折旧额	累计折旧	净值
A202008001	电脑	电子设备	销售部门	2020年8月	3年	5,309.73	5%	265.49	140.12	280.24	5,029.49
A202008002	电脑	电子设备	管理部门	2020年8月	3年	5,309.73	5%	265.49	140.12	280.24	5,029.49
A202008003	电脑	电子设备	管理部门	2020年8月	3年	5,309.73	5%	265.49	140.12	280.24	5,029.49
A202008004	电脑	电子设备	管理部门	2020年8月	3年	5,309.73	5%	265.49	140.12	280.24	5,029.49
A202008005	电脑	电子设备	管理部门	2020年8月	3年	5,309.73	5%	265.49	140.12	280.24	5,029.49
A202009001	复印机	电子设备	管理部门	2020年9月	3年	7,000.00	5%	350.00	184.72	184.72	6,815.28
	合计					33,548.65		1,677.43	885.32	1,585.91	31,962.74

审核：肖敏　　制表：唐丽

业务 21	10 月 31 日	本月长期费用摊销 5,030.03 元，无形资产摊销 222.22 元	长期费用摊销表、无形资产摊销表

附件 21－1：

长期费用摊销表

编制单位：昆明卓锦商贸有限公司　　日期：2020年10月31日　　单位：元

项目	摊销时段	摊销期间数/月	预付账款	月摊销金额	本月摊销额	累计摊销	净值
办公室装修费	2020年8月－2023年8月	36	100,000.00	2,777.78	2,777.78	8,333.33	91,666.67
租金	2020年8月－2021年8月	12	27,027.03	2,252.25	2,252.25	6,756.75	20,270.28
合计			127,027.03	5,030.03	5,030.03	15,090.08	111,936.95

附件 21－2：

无形资产摊销表

编制单位：昆明卓锦商贸有限公司　　日期：2020年10月31日　　单位：元

项目	摊销时段	摊销期间数/月	预付账款	月摊销金额	本月摊销额	累计摊销	净值
用友软件	2020年10月－2023年9月	36	8,000.00	222.22	222.22	222.22	7,777.78
合计			8,000.00	222.22	222.22	222.22	7,777.78

业务 22	10 月 31 日	结转本月末交增值税、计提附加税	增值税、附加税计算表

附件 22－1：

本月末交增值税计算表

2020年10月31日

项　目	金　额（元）
销项税额	
上期留抵进项税额	
本期进项税额	
进项税额转出	
本期可抵扣进项税额	
本期应交增值税额	
备注	

附件 22－2：

税金及附加计算表

编制日期：2020年10月31日　　单位：元

应交税费明细项目	计算依据	计税金额	税率	应纳税额	备注
应交城市维护建设税	增值税		7%		
应交教育费附加	增值税		3%		
应交地方教育费附加	增值税		2%		
印花税（购销合同）	购销金额合计		0.3‰		
合计					

复核人：　　制表人：肖敏

【业务重点】

购进、销售的业务处理，增值税的计算和账务处理。

【训练要求】

填制记账凭证，登记明细账、总账。

【总结】

四、11 月业务期账务处理

表 2 – 7

业务编号	日期	摘要	凭证
业务 1	11 月 1 日	提取备用金 10,000 元	现金支票存根
业务 2	11 月 2 日	财务部肖敏报销聚餐费 1,100 元	费用报销单、餐饮费普通发票
业务 3	11 月 3 日	收到 10 月份大理佳佳百货商场有限责任公司货款 156,000 元	银行收款凭单
业务 4	11 月 5 日	从成都长信科技购进货物一批，价税合计共 436,500 元，已入库	发票、随货通行的销售单、入库单
业务 5	11 月 5 日	向广南县万辉电器城销售货物一批，价税合计共 168,000 元	发票、销售单
业务 6	11 月 7 日	总经办刘芸报销办公用品费 250 元	费用报销单、办公用品发票
业务 7	11 月 7 日	支付成都长信科技货款 436,500 元	付款申请单、银行回单
业务 8	11 月 7 日	支付 10 月份工资、扣个税实发工资 55,185.9 元，代扣社保 3,080 元，代扣公积金 1,400 元，代扣个税 134.1 元	工资表、个税计算表、付款回单、个税缴税凭证
业务 9	11 月 9 日	从北京七星电子购进货物一批，价税合计共 210,000 元，已入库	发票、随货通行的销售单、入库单
业务 10	11 月 10 日	计提并缴纳当月社保费 12,404 元、公积金 2,800 元	社保和公积金明细表、住房公积金缴存进账单、银行收款回单——住房公积金、付款回单——医疗保险、付款回单——养老保险、付款回单——失业保险、缴款凭证——医疗保险生育保险、缴款凭证——养老保险工伤保险、缴款凭证——失业保险
业务 11	11 月 10 日	请广告公司在某商场门口搭展台费用 17,995 元	付款申请单、广告费发票
业务 12	11 月 10 日	收到广南县万辉电器城货款 168,000 元	银行回单
业务 13	11 月 10 日	购入长信牌电饭煲，价税合计共 10,000 元	采购发票、销售单、入库单
业务 14	11 月 10 日	向保山蓝鹰销售货物一批，价税合计共 168,000 元	销售发票、销售单、出库单（略）
业务 15	11 月 11 日	双 11 促销：买电冰箱赠送电饭煲（个人消费者），价税合计共 42,000 元	零售销售汇总表、销售收款情况汇总表、发票
业务 16	11 月 12 日	存现 4,200 元	银行回单、柜台存现单据（略）
业务 17	11 月 13 日	缴纳 10 月份购销合同印花税	印花税银行回单、印花税银行缴税凭证
业务 18	11 月 15 日	采购部王翔预支差旅费 3,000 元	差旅费预支单、收据
业务 19	11 月 16 日	从北京七星电子购进货物一批，价税合计 790,000 元，已入库	发票、随货通行的销售单、入库单
业务 20	11 月 18 日	采购部报销本月运费 3,650 元	付款申请单、运费发票、银行回单

续表

业务编号	日期	摘要	凭证
业务 21	11 月 18 日	总经办刘芸报销汽车使用费用 741.76 元	加油费发票、停车票
业务 22	11 月 22 日	采购部王翔报销差旅费 3,180 元	差旅费报销单、航空行程单、住宿费发票、餐费发票
业务 23	11 月 24 日	从成都长信科技股份有限公司采购商品，价税合计共 1,091,500 元	发票、随货通行的销售单、入库单
业务 24	11 月 27 日	支付北京七星电子货款 1,000,000 元	付款申请单、银行回单
业务 25	11 月 25 日	收到保山蓝鹰货款 168,000 元	银行回单
业务 26	11 月 26 日	向云南厚通销售货物，价税合计共 1,032,000 元	销售发票、销售单
业务 27	11 月 28 日	支付成都长信货款 1,091,500 元	付款申请单、银行回单
业务 28	11 月 30 日	计提本月工资 63,700 元，计提社保 3,080 元，计提公积金 1,400 元，计提个税 349.2 元	工资单、个税计算表
业务 29	11 月 30 日	结转本月销售成本	销售成本计算表
业务 30	11 月 30 日	计提本月固定资产折旧 885.32 元	固定资产折旧明细表
业务 31	11 月 30 日	本月无形资产摊销 222.22 元	无形资产摊销表
业务 32	11 月 30 日	本月长期费用摊销 10,030.03 元	长期费用摊销表
业务 33	11 月 30 日	进项税认证与申报抵扣	进项税认证通知单、申报抵扣汇总表
业务 34	11 月 30 日	结转本月未交增值税、计提附加税、印花税	增值税结转单、附加税计提单、印花税计提单

【原始凭证】

11 月份业务

业务 1	11 月 1 日	提取备用金 10,000 元	现金支票存根

附件 1：

中国银行
现金支票存根
10207859
22957451

附加信息

出票日期：2020年11月01日

收款人：昆明卓锦商贸有限公司

金额：￥10,000.00

用途：备用金

单位主管　　　会计

业务 2	11 月 2 日	财务部肖敏报销聚餐费 1,100 元	费用报销单、餐饮费普通发票

附件 2－1：

费 用 报 销 单

现金付讫

部门 财务部　　　　报销日期　2020 年 11 月 02 日

费用项目	票据张数	金额（元）	备注
聚餐费用	1	1,100.00	
报销金额合计		1,100.00	
金额（大写） 零拾零万壹仟壹佰零拾零元零角零分　¥ 1,100.00			

单位负责人：张璟　　验收或证明人：王翔　　部门负责人：刘芸　　财务：　　报销人：刘芸

附件 2－2：

云南增值税普通发票

5300173532０　教学专用　　№ 39224030　5300183322　29825030

校验码 47003 25798 12324 01104　　开票日期：2020年11月02日

购买方	名称：昆明卓锦商贸有限公司 纳税人识别号：112233445566M 地址、电话：云南省昆明市五华区中山路251号　0871-6666666 开户行及账号：中国银行昆明市中山路支行　1340376×××3	密码区	79+ 55/5 /<-3-3> 2>5/-3*0<<736587- *2-00+883+*233+-013-/-5-4/<048+3>3 ++*33443-**>-3045381*3<>+70<+38*-> 687340>03+*89+-013-/-5--74*7484389

货物或应税劳务名称	规格型号	单位	数量	单价	金额	税率	税额
*服务费*餐费			1	1,067.9611650	1,067.96	3%	32.04
合计					¥1,067.96		¥32.04
价税合计（大写）	⊗ 壹仟壹佰元整				（小写）¥1,100.00		

销货单位	名称：昆明君爱酒店有限公司 纳税人识别号：91441424MA564CM3E 地址、电话：云南省昆明市五华区洪化桥34号 13575577777 开户行及账号：工商银行昆明市青云路支行 62122 62502 90056 1234	备注	

收款人：罗嘉　　复核：鲍正　　开票人：郑月　　销货单位：（章）

（印章：昆明君爱酒店有限公司 123456789 发票专用章）

税总函［2017］号 xxxxxxxxxx 公司

第二联：发票联 购买方记账凭证

业务 3	11 月 3 日	收到 10 月份大理佳佳百货商场货款 156,000 元	银行收款凭单

附件 3：

国内支付业务收款回单

教学专用

客户号：393181559　　日期：2020年11月03日

收款人账号：1340376×××3　　付款人账号：123456789

收款人名称：昆明卓锦商贸有限公司　　付款人名称：大理市佳佳百货商场有限责任公司

收款人开户银行：中国银行昆明市中山路支行　　付款人开户行：交通银行大理市××路支行

金额：CNY156,000.00

人民币壹拾伍万陆仟元整

报文种类：beps.121.001.01-客户发起普通贷记业务报文

业务类型：A100-普通汇兑　　收支申报号：

业务标识号：2020042438365921　　业务编号：

发起行行号：123456789012　　接收行行号：123456789012

发起行名称：交通银行大理市××路支行　　接收行名称：中国银行昆明市中山路支行

入账账号：1340376×××3　　入账户名：昆明卓锦商贸有限公司

用途：

附言：货款

打印时间：2020-11-03 09:45:10　　打印次数：1

中国银行股份有限公司 昆明市中山路支行 业务专用章 11QUEN44 WU4JGNIN

业务 4	11 月 5 日	从成都长信科技购进货物一批，价税合计 436,500 元，已入库	发票、随货通行的销售单、入库单

附件 4－1：

四川增值税专用发票

53001784320　　No 39224030　　5300183322　29825030

教学专用

开票日期：2020年11月05日

校验码 47003 25798 01324 01104

税总函 [2017] 号 xxxxxxxxxx 公司

购买方	名　　称：昆明卓锦商贸有限公司 纳税人识别号：112233445566M 地 址、电 话：云南省昆明市五华区中山路251号　0871-6666666 开户行及账号：中国银行昆明市中山路支行 1340376×××3			密码区	79+ 55/5 /<-3-3> 2>5/-3*0<<787-123 *2-00+883+*89+-013-/-5-/<08+3>3678 ++*33443-**>-305381*3<>+70<+38*->3 687340>03+*89+-013-/-5--74*7484389		
货物或应税劳务名称	规格型号	单位	数量	单价	金额	税率	税额
*家用音视频设备*长信彩电	CD003A	台	90	4,292.0353982	386,283.19	13%	50,216.81
合　计					¥386,283.19		¥50,216.81
价税合计（大写）	⊗ 肆拾叁万陆仟伍佰元整				（小写）¥436,500.00		
销货单位	名　　称：成都长信科技股份公司 纳税人识别号：915300001234567892 地 址、电 话：成都市××区××路86号　028-××××××2 开户行及账号：中国银行成都市××路支行　123456789			备注			

收款人：　　复核：　　开票人：　　销货单位：（章）

成都长信科技股份公司 123456789 发票专用章

第三联：发票联 购买方记账凭证

附件 4－2：

成都长信科技股份公司

销售单

地址：成都市××区××路86号

电话：028-××××××2

NO：1106362

客户名称：昆明卓锦商贸有限公司

地址电话：昆明市五华区中山路251号　　0871-6666666　　日期：2020年11月5日

编码	产品名称	规格	单位	单价	数量	金额	备注
	长信彩电	CD003A	台	4,850.00	90.00	436,500.00	
合计	人民币（大写）：肆拾叁万陆仟伍佰元整					¥436,500.00	

客户联

销售经理：刘海　　会计：张文　　经办人：赵刚　　仓管：苏浩　　签收人：杨健

附件 4－3：

入　库　单

2020 年 11 月 05 日　　供应商：成都长信科技股份公司　　NO.　********

编码		品名		型号、规格		单位		数量	单价	金额	附注
		长信彩电		CD003A		台		90	4,292.04	386,283.19	
采购员	王翔	验货员		负责人		仓管员	杨健		合计	¥386,283.19	

第二联　财务联

注：第一联存根，第二联财务，第三联仓库

业务5	11月5日	向广南县万辉电器城销售货物一批，价税合计168,000元	发票、销售单

附件5－1：

云南增值税专用发票

5300178432 0

教学专用

No 39224030

5300183322
29825030

此联不做报销、抵扣凭证使用

校验码 47003 25798 01324 01104

开票日期：2020年11月05日

税总函[2017]号 xxxxxxxxxx 公司

购买方	名　　称：广南县万辉电器城 纳税人识别号：915300001234567896 地 址、电 话：云南省广南县××路33号 1380××××××4 开户行及账号：富滇银行广南县××路支行 123456789	密码区	79+ 55/5 /<-3-3> 2>5/-3*0<<787-123 *2-00+883+*89+-013-/-5-/<08+3>3124 ++*33443-**>-305381*3<>+70<+38*->7 687340>03+*89+-013-/-5--74*7484389

货物或应税劳务名称	规格型号	单位	数量	单价	金额	税率	税额
*家用制冷电器具*七星电冰箱	DB012M	台	40	3,716.81415929204	148,672.57	13%	19,327.4341
合　　计					¥148,672.57		¥19,327.43
价税合计（大写）	⊗壹拾陆万捌仟元整				（小写）¥168,000.00		

销货单位	名　　称：昆明卓锦商贸有限公司 纳税人识别号：112233445566M 地 址、电 话：云南省昆明市五华区中山路251号 0871-6666666 开户行及账号：中国银行昆明市中山路支行 1340376×××3	备注	昆明卓锦商贸有限公司 112233445566M 发票专用章

收款人：唐丽　　复核：肖敏　　开票人：唐丽　　销货单位：（章）

第一联：记账联 销售方记账凭证

附件5－2：

昆明卓锦商贸有限公司

销 售 单

地址：昆明市五华区中山路251号

电话：0871-6666666

NO：1106362

客户名称：　广南县万辉电器城

地址电话：云南省广南县××路33号　1380××××××4

日期：2020年11月05日

编码	产品名称	规格	单位	单价	数量	金额	备注
	七星电冰箱	DB012M	台	4,200.00	40.00	168,000.00	
合计	人民币（大写）：壹拾陆万捌仟元整					¥168,000.00	

会计联

销售经理：杨海峰　　会计：肖敏　　经办人：杨海峰　　仓管：杨健　　签收人：

业务6	11月7日	总经办刘芸报销办公用品费250元	费用报销单、办公用品发票

附件6－1：

费 用 报 销 单

现金付讫

部门 总经办　　　　报销日期 2020 年 11 月 07 日

费 用 项 目	票据张数	金额（元）	备注
办公用品	1	250.00	
报 销 金 额 合 计		250.00	
金额（大写） 零 拾 零 万 零 仟 贰 佰 伍 拾 零 元 零 角 零 分 ￥250.00			

单位负责人：张璟　　验收或证明人：王翔　　部门负责人：　　财务：肖敏　　报销人：刘芸

附件6－2：

云南增值税专用发票

5300173532O　　No 39224030

5300183322

29825030

教学专用

校验码 47003 25798 12324 01104　　开票日期：2020年11月07日

购买方		密码区
名　　称：昆明卓锦商贸有限公司 纳税人识别号：1122333445566M 地 址、电 话：云南省昆明市五华区中山路251号　0871-6666666 开户行及账号：中国银行昆明市中山路支行　1340376×××3		79+ 55/5 /<-3-3> 2>5/-3*0<<756587- *2-00+883+*44+-0213-/-5-/<08+355>3 ++*33443-**>-305381*3<>+70<+338*-> 687340>03+*89+-013-/-5--74*7484389

货物或应税劳务名称	规格型号	单位	数 量	单 价	金 额	税率	税 额
*文具*签字笔	WW80K5210VG	盒	5	26.9020110	134.51	13%	17.49
*纸制品*笔记本	WW80K5510VG	本	10	8.6731019	86.73	13%	11.27
合 计					￥221.24		￥28.76
价税合计（大写）	⊗贰佰伍拾元整				（小写）￥250.00		

销货单位	备注
名　　称：昆明益利恒办公文具经贸公司 纳税人识别号：91441374MA5696CM3E 地 址、电 话：昆明市北京路283号 13588834790 开户行及账号：中国工商银行昆明市北京路支行 62122 62321 12456 1234	昆明益利恒办公文具经贸公司 123456789 发票专用章

收款人：姜来　　复核：农时晶　　开票人：梁成　　销货单位：（章）

税总函［2017］号 xxxxxxxxxx 公司

第三联：发票联 购买方记账凭证

业务 7	11 月 7 日	支付成都长信科技货款 436,500 元	付款申请单、银行回单

附件 7－1：

银行付讫

付款申请单

收款单位	成都长信科技股份有限公司	申请时间	2020 年 11 月 07 日
付款事由	支付货款		
付款方式	☑电汇　☐现金　☐支票　☐汇票		
付款金额	¥436,500.00	（大写）	人民币肆拾叁万陆仟伍佰元整
开户行	**中国银行成都市××路支行**	银行账号	123456789
备注	支付货款		

申请人：王翔　　财务：肖敏　　总经理审批：张璟

附件 7－2：

国内支付业务付款回单

教学专用

客户名：3931759634　　日期：2020年11月07日

收款人账号：123456789　　付款人账号：1340376×××3

收款人名称：成都长信科技股份公司　　付款人名称：昆明卓锦商贸有限公司

收款人开户银行：中国银行成都市××路支行　　付款人开户行：中国银行昆明市中山路支行

金额：CNY436,500.00

人民币肆拾叁万陆仟伍佰元整

报文种类：beps.121.001.01-客户发起普通贷记业务报文

业务类型：A100-普通汇兑　　收支申报号：

业务标识号：2020042438365921　　业务编号：

发起行行号：123456789012　　接收行行号：012123456789

发起行名称：中国银行昆明市中山路支行　　接收行名称：中国银行成都市××路支行

入账账号：123456789　　入账户名：成都长信科技股份公司

用途：

附言：货款

打印时间：2020-11-30 09:45:10　　打印次数：1

中国银行股份有限公司 昆明市中山路支行 业务专用章 11GUEN44 WU4JGNIN

业务 8	11 月 7 日	支付 10 月份工资、扣个税。实发工资 56,585.9 元，代扣社保 3,080 元，代扣公积金 1,400 元，代扣个税 134.1 元	工资表、个税计算表、付款回单、个税缴税凭证

附件 8－1：

2020年10月昆明卓锦商贸有限公司工资表

姓名	职务	部门	基本工资	加班费	考勤扣款	工资总额	代扣个人社保	代扣个人公积金	代扣个税	实发工资	签名
张璟	总经理	总经办	15,000	200	0	15,200	440	200	112.8	14,447.2	
刘芸	办公室主任	总经办	13,000	200	0	13,200	440	200	21.3	12,538.7	
王翔	部门经理	采购部	3,800	200	0	4,000	440	200	0	3,360	
杨健	仓库管理员	仓储部	3,800	200	0	4,000	440	200	0	3,360	
肖敏	会计、部门负责人	财务部	5,500	200	0	5,700	440	200	0	5,060	
唐丽	出纳	财务部	5,000	200	0	5,200	440	200	0	4,560	
管理人员小计			46,100	1,200	0	47,300	2,640	1,200	134.1	44,325.9	
杨海峰	部门经理	销售部	12,000	500	0	12,500	440	200	0	11,860	
销售人员小计			12,000	500	0	12,500	440	200	0	11,860	
合计			58,100	1,700	0	59,800	3,080	1,400	134.1	55,185.9	

总经理：张璟　　财务审核：肖敏　　制单：唐丽

提示：发放工资时，代扣由员工负担的个税、社保费和公积金。

附件 8－2：

国内支付业务付款回单

教学专用

客户名：393181559　　日期：2020年11月06日

收款人账号：　　付款人账号：1340376×××3

收款人名称：批量代发工资　　付款人名称：昆明卓锦商贸有限公司

收款人开户银行：　　付款人开户行：中国银行昆明市中山路支行

金额：CNY55,185.90

人民币伍万伍仟壹佰捌拾伍元玖角整

报文种类：beps.121.001.01-客户发起普通贷记业务报文

业务类型：A100-普通汇兑　　收支申报号：

业务标识号：2020042438365921　　业务编号：

发起行行号：105731003182　　接收行行号：

发起行名称：中国银行昆明市中山路支行　　接收行名称：

入账账号：　　入账户名：

用途：　批量代发工资

附言：

打印时间：2020-11-30　09:45:10　　打印次数：1

中国银行股份有限公司 昆明市中山路支行 业务专用章

附件 8－3：

国内支付业务付款回单

客户号 ：393181559　　日期 ：2020年11月06日

付款人账号：1340376×××3　　收款人账号：

付款人名称：昆明卓锦商贸有限公司　　收款人名称：国家金库五华区支库

付款人开户行：中国银行昆明市中山路支行　　收款人开户行：

金额：CNY134.10

大写：壹佰叁拾肆元壹角整

业务种类：实时缴税　　业务编号：21266060　　凭证字号：2020040754888239

纳税人识别号：112233445566M　　缴款书交易流水号：54888239　税票号码：353016200400055764

纳税人全称：昆明卓锦商贸有限公司

征收机关名称：国家税务总局昆明市五华区税务局

收款国库（银行）名称：国家金库五华区支库

税（费）种名称	所属日期	实缴金额
个人所得税	2020/10/01-2020/10/31	CNY134.1

交易机构：15818　　交易渠道：其他　　交易流水号：106967289-414

回单编号：2020040713156732　回单验证码：242N3ATHNEWK

打印时间：2020-11- 30　14:45:09　　打印次数：1

附件 8－4：

中国银行电子缴税凭证

转账日期：2020年11月06日　　凭证字号：20200407544888246

纳税人全称及纳税人识别号：昆明卓锦商贸有限公司
112233445566M

付款人全称：昆明卓锦商贸有限公司

付款人账号：1340376×××3

付款人开户银行：中国银行昆明市中山路支行　　收款国库（银行）名称：国家金库五华区支库

小写（合计）金额：¥ 134.10　　缴款书交易流水号：54888239

大写（合计）金额：壹佰叁拾肆元壹角整　　税票号码：35301620040066864

税（费）名称	所属日期	实缴金额
个人所得税	2020/10/01-2020/10/31	¥ 134.10

第二联　作付款回单（无银行收讫章无效）　　复核　　记账

打印时间：2020-11-30 09：45:07

业务 9	11 月 9 日	从北京七星电子购进货物一批，价税合计 210,000 元，已入库	发票、随货通行的销售单、入库单

附件 9－1：

北京增值税专用发票

5300178432O　教学专用　№ 39224

5300183322
29825030

校验码 47003 25798 01324 01104　　开票日期：2020年11月09日

税总函〔2017〕号 xxxxxxxxxx 公司

购买方	
名　　称	昆明卓锦商贸有限公司
纳税人识别号	112233445566M
地址、电话	昆明市五华区中山路251号　0871-6666666
开户行及账号	中国银行昆明市中山路支行 1340376×××3

密码区：
79+ 55/5 /<-3-3> 2>5/-3*0<<787-234
*2-00+883+*89+-013-/-5-/<08+3>3234
++*33443-**>-305381*3<>+70<+38*->6
687340>03+*89+-013-/-5--74*7484389

货物或应税劳务名称	规格型号	单位	数量	单价	金额	税率	税额
*家用清洁电器具*七星电冰箱	DB012M	台	60	3,097.3451327	185,840.71	13%	24,159.29
合　计					¥185,840.71		¥24,159.29
价税合计（大写）	⊗ 贰拾壹万元整				（小写）¥210,000.00		

销货单位	
名　　称	北京七星电子有限公司
纳税人识别号	915300001234567891
地址、电话	北京市××区××路102号　010-××××××1
开户行及账号	中国银行北京市××路支行　123456789

备注：

收款人：　　复核：　　开票人：　　销货单位：（章）

第三联：发票联　购买方记账凭证

北京七星电子有限公司 123456789 发票专用章

附件 9－2：

北京七星电子有限公司

销 售 单

地址：北京市××区××路102号

电话：010-××××××1　　NO：1106362

客户名称：昆明卓锦商贸有限公司

地址电话：昆明市五华区中山路251号　0871-6666666　　日期：2020年11月09日

编码	产品名称	规格	单位	单价	数量	金额	备注
	七星电冰箱	DB012M	台	3,500.00	60.00	210,000.00	
合计	人民币（大写）：贰拾壹万元整					¥210,000.00	

客户联

销售经理：　　会计：　　经办人：　　仓管：　　签收人：杨健

附件 9 −3：

入　库　单

2020年 11 月 09 日　　供应商：北京七星电子有限公司　　NO.　10007362

编码	品名	型号、规格	单位	数量	单价	金额	附注
	七星电冰箱	DB0012M	台	60	3,097.35	185,840.71	
采购员		验货员		负责人		仓管员	杨健	合计	¥185,840.71	

第二联　财务联

注：第一联存根，第二联财务，第三联仓库

业务 10	11 月 10 日	计提并缴纳当月社保费 12,404 元、公积金 2,800 元	社保和公积金明细表、住房公积金缴存进账单、银行收款回单——住房公积金、付款回单——医疗保险、付款回单——养老保险、付款回单——失业保险、缴款凭证——医疗保险生育保险、缴款凭证——养老保险工伤保险、缴款凭证——失业保险

附件 10 −1：

社保和公积金费明细表

部门	姓名	税款所属期	社保基数	养老保险费		医疗保险费		失业保险费		工伤保险费	生育保险	公司承担小计	个人承担小计	合计	住房公积金	
				单位（20%）	个人（8%）	单位（10%）	个人（2%）	单位（2%）	个人（1%）	单位（0.5%	单位（0.8%）				个人(5%)	单位(5%)
总经办	张璟	2020-11	4,000	800	320	400	80	80	40	20	32	1,332	440	1,772	200	200
	刘芸	2020-11	4,000	800	320	400	80	80	40	20	32	1,332	440	1,772	200	200
采购部	王翔	2020-11	4,000	800	320	400	80	80	40	20	32	1,332	440	1,772	200	200
仓储部	杨健	2020-11	4,000	800	320	400	80	80	40	20	32	1,332	440	1,772	200	200
财务部	肖敏	2020-11	4,000	800	320	400	80	80	40	20	32	1,332	440	1,772	200	200
	唐丽	2020-11	4,000	800	320	400	80	80	40	20	32	1,332	440	1,772	200	200
管理人员小计			24,000	4,800	1,920	2,400	480	480	240	120	192	7,992	2,640	10,632	1,200	1,200
销售部	杨海峰	2020-11	4,000	800	320	400	80	80	40	20	32	1,332	440	1,772	200	200
销售人员小计			4,000	800	320	400	80	80	40	20	32	1,332	440	1,772	200	200
合计			56,000	5,600	2,240	2,800	560	560	280	140	224	9,324	3,080	12,404	1,400	1,400

附件 10－2：

教学专用

昆明市住房公积金缴存进账单					
登记号：2020153288426				2020年11月10日	
流水号：59962					
缴存单位	全称	昆明卓锦商贸有限公司	收款人	全称	昆明市住房公积金管理中心××管理部
	公积金账号	564123425		账号	456789123666
	开户行	中国银行昆明市中山路支行		开户行	中国工商银行五华区支行
缴存金额（大写）：贰仟捌佰元整			小写：¥ 2,800.00		
缴存起始日期	202011		缴存截止日期	202011	
付款账户	1340376×××3		昆明卓锦商贸有限公司		
缴存银行	456789123666		中国工商银行五华区支行		

附件 10－3：

国内支付业务付款回单

教学专用

客户名：393182559　　日期：2020年11月10日

收款人账号：456789123666　　付款人账号：1340376×××3

收款人名称：昆明市住房公积金管理中心××管理部　　付款人名称：昆明卓锦商贸有限公司

收款人开户银行：中国工商银行五华区支行　　付款人开户行：中国银行昆明市中山路支行

金额：CNY2,800.00

人民币贰仟捌佰元整

报文种类：beps.121.001.01-客户发起普通贷记业务报文

业务类型：A100-普通汇兑　　收支申报号：

业务标识号：2020042438365921　　业务编号：

发起行行号：105731003182　　接收行行号：104731007026

发起行名称：中国银行昆明市中山路支行　　接收行名称：中国工商银行五华区支行

入账账号：456789123666　　入账户名：昆明市住房公积金管理中心××管理部

用途：

附言：住房公积金

打印时间：2020-11-10 09:45:10　　打印次数：1

附件 10－4：

教学专用

国家税务总局云南省税务局电子缴款凭证				
社会信用代码：	112233445566M		银行账号：1340376×××3	
纳税人名称：	昆明卓锦商贸有限公司		缴款日期：2020-11-10	
打印日期：	2020/11/30		凭证编号：453016200405983147	
征收项目	征收品目	社保属性	所属时期	实缴金额
社会保险基金	失业保险费	个人	2020-11-01至2020-11-30	280
社会保险基金	失业保险费	单位	2020-11-01至2020-11-30	560
金额合计	（大写）捌佰肆拾元整			840
本缴款凭证仅作为纳税人记账核算凭证使用，电子缴纳的，需与银行对账单电子划缴记录核对一致有效。纳税人如需汇总开具正式完税证明，清凭税务登记证或身份证明贷主管税务机关开具。				

附件 10－5：

教学专用

国内支付业务付款回单

客户号：393181569　　日期：　2020 年11 月10 日

付款人账号：1340376×××3　　收款人账号：

付款人名称：昆明卓锦商贸有限公司　　收款人名称：国家金库五华区支库

付款人开户行：中国银行昆明市中山路支行　　收款人开户行：

金额：CNY840.00

人民币捌佰肆拾元整

业务种类：实时缴税　　业务编号：21238681　　凭证字号：2020040754869377

纳税人识别号：112233445566M　　缴款书交易流水号：54869377　　税票号码：453016200405923147

纳税人全称：昆明卓锦商贸有限公司

征收机关名称：国家税务总局昆明市五华区税局

收款国库(银行）名称：国家金库五华区支库

税（费）种名称：	所属日期	实缴金额
社会保险基金收入（失业保险）	2020 -11 -01 至2020 -11 -30	CNY840.00

交易机构：15818　　交易渠道：其他　　交易流水号：90012030 -420

回单编号：2020040712686524　　回单验证码：242N3AQAPGJE

打印时间：2020 -11 -10 09:45:09　　打印次数：1

附件 10－6：

教学专用

国家税务总局云南省税务局电子缴款凭证

社会信用代码：	112233445566M		银行账号：1340376×××3	
纳税人名称：	昆明卓锦商贸有限公司		缴款日期：2020-11-10	
打印日期：	2020/11/30		凭证编号：453016200405922531	
征收项目	征收品目	社保属性	所属时期	实缴金额
社会保险基金	工伤保险费（养保）	单位	2020-11-01至2020-11-30	140
社会保险基金	企业职工基本养老保险费	个人	2020-11-01至2020-11-30	2,240
社会保险基金	企业职工基本养老保险费	单位	2020-11-01至2020-11-30	5,600
金额合计	（大写）柒仟玖佰捌拾元整			7,980
本缴款凭证仅作为纳税人记账核算凭证使用，电子缴纳的，需与银行对账单电子划缴记录核对一致有效。纳税人如需汇总开具正式完税证明，请凭税务登记证或身份证明到主管税务机关开具。				

附件 10－7：

教学专用

国内支付业务付款回单

客户号：393181559　　日期：　2020 年11月10日

付款人账号：134037609973　　收款人账号：

付款人名称：昆明卓锦商贸有限公司　　收款人名称：国家金库五华区支库

付款人开户行：中国银行昆明市中山路支行　　收款人开户行：

金额：CNY7,980.00

人民币柒仟玖佰捌拾元整

业务种类：实时缴税　　业务编号：21262109　　凭证字号：2020040754878687

纳税人识别号：112233445566M　　缴款书交易流水号：54878687　　税票号码：453016200405922831

纳税人全称：昆明卓锦商贸有限公司

征收机关名称：国家税务总局昆明市五华区税局

收款国库(银行）名称：国家金库五华区支库

税（费）种名称：　　所属日期　　实缴金额

社会保险基金收入（养老保险 工伤保险）　　2020－11－01 至2020－11－30　　CNY7,980.00

交易机构：15818　　交易渠道：其他　　交易流水号：88927081 －421

打印时间：2020－11－30　09:45:09　　打印次数：1

附件 10－8：

教学专用

国家税务总局云南省税务局电子缴款凭证				
社会信用代码：	112233445566M		银行账号：1340376×××3	
纳税人名称：	昆明卓锦商贸有限公司		缴款日期：2020-11-10	
打印日期：	2020/11/30		凭证编号：453016200406921008	
征收项目	征收品目	社保属性	所属时期	实缴金额
社会保险基金	生育保险	单位	2020-11-01至2020-11-30	224
社会保险基金	特重病	个人	2020-11-01至2020-11-30	7
社会保险基金	特重病	单位	2020-11-01至2020-11-30	35
社会保险基金	基本医疗保险费	个人	2020-11-01至2020-11-30	553
社会保险基金	基本医疗保险费	单位	2020-11-01至2020-11-30	2,765
金额合计	（大写）叁仟伍佰捌拾肆元整			¥3,584
本缴款凭证仅作为纳税人记账核算凭证使用，电子缴纳的，需与银行对账单电子划缴记录核对一致有效。纳税人如需汇总开具正式完税证明，请凭税务登记证或身份证明到主管税务机关开具。				

附件 10－9：

国内支付业务付款回单

教学专用

客户号：393181559　　日期：2020 年11月10日

付款人账号：134037609973　　收款人账号：

付款人名称：昆明卓锦商贸有限公司　　收款人名称：国家金库五华区支库

付款人开户行：中国银行昆明市中山路支行　　收款人开户行：

金额：CNY3,584.00

人民币叁仟伍佰捌拾肆元整

业务种类：实时缴税　　业务编号：21236750　　凭证字号：2020040754871204

纳税人识别号：530102563157108　　缴款书交易流水号：54871204　　税票号码：453016200405921008

纳税人全称：昆明卓锦商贸有限公司

征收机关名称：国家税务总局昆明市五华区税局

收款国库(银行）名称：国家金库五华区支库

税（费）种名称：	所属日期	实缴金额
社会保险基金收入（医疗保险）	2020－11－01 至2020－11－30	CNY3,584.00

交易机构：15818　　交易渠道：其他　　交易流水号：88927081 －421

打印时间：2020－11－10　09:45:08　　打印次数：1

业务 11	11 月 10 日	请广告公司在某商场门口搭展台费用 17,995 元	付款申请单、广告费发票

附件 11－1：

银行付讫

付款申请单

收款单位	昆明硕飞广告有限公司		申请时间	2020 年 11 月 10 日
付款事由	请广告公司在某商场门口搭展台			
付款方式	☑电汇 □现金 □支票 □汇票			
付款金额	¥17,995.00	大写	人民币壹万柒仟玖佰玖拾伍元整	
开户行	中国工商银行昆明轻轻街支行	银行账号	1354376×××3	
备注				

申请人：唐丽　　　　财务：肖敏　　　　总经理审批：张璟

附件 11－2：

云南增值税专用发票

5300178432０ 教学专用

No 39224030

5300183322
29825030

校验码 47003 25798 01324 01104

开票日期：2020年11月10日

购买方	名称：昆明卓锦商贸有限公司 纳税人识别号：112233445566M 地址、电话：昆明市五华区中山路251号 0871-6666666 开户行及账号：中国银行昆明市中山路支行 1340376×××3	密码区	*96+9-95/5 /<-3-3> 2>5/-3*0<<787-8 *8/*--8*/*889+-013-/-5-/<08+3>3+++* ++*33443-**>-305381*3<>+70<+38*->- -+5340>03+*89+-013-/-5--74*7484389

货物或应税劳务名称	规格型号	单位	数量	单价	金额	税率	税额
*广告代理服务*广告费		项	1	16,976.4200000	16,976.42	6%	1,018.58
合计					¥16,976.42		¥1,018.58
价税合计（大写）	⊗壹万柒仟玖佰玖拾伍元整				（小写）¥17,995.00		

销货单位	名称：昆明硕飞广告有限公司 纳税人识别号：885566991122 M 地址、电话：云南省昆明市朝阳区轻轻街956号 0871-555555 开户行及账号：中国工商银行昆明轻轻街支行 1354376×××3	备注	昆明硕飞广告有限公司 1987434455S 发票专用章

收款人：王丽　　复核：林敏　　开票人：文心　　销货单位：（章）

税总函［2017］号 xxxxxxxxxx 公司

第三联：发票联 购买方记账凭证

业务 12	11 月 10 日	收到广南县万辉电器城货款 168,000 元	银行回单

附件 12：

国内支付业务收款回单

教学专用

客户名：393181559　　日期：2020年11月07日

收款人账号：1340376×××3　　付款人账号：123456789

收款人名称：昆明卓锦商贸有限公司　　付款人名称：广南县万辉电器城

收款人开户银行：中国银行昆明市中山路支行　　付款人开户行：富滇银行广南县××路支行

金额：CNY168,000.00

人民币壹拾陆万捌仟元整

报文种类：beps.121.001.01-客户发起普通贷记业务报文

业务类型：A100-普通汇兑　　收支申报号：

业务标识号：2020042438365921　　业务编号：

发起行行号：123456789012　　接收行行号：123456789012

发起行名称：富滇银行广南县××路支行　　接收行名称：中国银行昆明市中山路支行

入账账号：1340376×××3　　入账户名：昆明卓锦商贸有限公司

用途：

附言：支付货款

打印时间：2020-11-30 09:45:10　　打印次数：1

中国银行股份有限公司 昆明市中山路支行 业务专用章 11GUEN44 WU4JGNIN

业务 13	11 月 10 日	购入长信牌电饭煲，价税合计 10,000 元	采购发票、销售单、入库单

附件 13－1：

四川增值税专用发票

5300178432０　　No 39224030

5300183322

79825033

教学专用

开票日期：2020年11月8日

校验码 47003 25798 01324 01104

购买方	名　　称：昆明卓锦商贸有限公司 纳税人识别号：112233445566M 地 址、电 话：昆明市五华区中山路251号　0871-6666666 开户行及账号：中国银行昆明市中山路支行　1340376×××3
密码区	79+ 55/5 /<-3-3> 2>5/-3*0<<787-575 *2-00+883+*89+-013-/-5-/<08+3>3869 ++*33443-**>-305381*3<>+70<+38*->9 687340>03+*89+-013-/-5--74*7484389

货物或应税劳务名称	规格型号	单位	数量	单价	金额	税率	税额
*家用厨房电器*长信电饭煲	WW0123	台	20	442.4778761	8,849.56	13%	1,150.44
合　　计					¥8,849.56		¥1,150.44
价税合计（大写）	⊗壹万元整				（小写）¥10,000.00		

销货单位	名　　称：成都长信科技股份公司 纳税人识别号：915300001234567892 地 址、电 话：成都市××区××路86号　028-××××××2 开户行及账号：中国银行成都市××路支行　123456789
备注	成都长信科技股份公司 123456789 发票专用章

收款人：　　复核：　　开票人：　　销货单位：（章）

税总函[2017]号 xxxxxxxxx 公司

第三联：发票联 购买方记账凭证

附件 13－2：

成都长信科技股份公司

销 售 单

地址：成都市××区××路86号

电话：028-××××××2　　NO：1106362

客户名称：昆明卓锦商贸有限公司

地址电话：昆明市五华区中山路251号　0871-6666666　　日期：2020年11月8日

编码	产品名称	规格	单位	单价	数量	金额	备注
	长信电饭煲	WWO123	台	500.00	20.00	10,000.00	
合计	人民币（大写）：壹万元整					¥ 10,000.00	

会计联

销售经理：张强　　会计：　　经办人：田阳　　仓管：石丽　　签收人：

附件 13－3：

入　库　单

2020年 11 月 10 日　　供应商：成都长信科技股份公司　　NO.　********

编码	品名	型号、规格	单位	数量	单价	金额	附注
	长信电饭煲	WWO123	台	20	442.48	8,849.56	
采购员		验货员	负责人	仓管员 杨健	合计	¥8,849.56	

第二联　财务联

注：第一联存根，第二联财务，第三联仓库

业务 14	11 月 10 日	向保山蓝鹰销售货物一批，价税合计 168,000 元	销售发票、销售单、出库单（略）

附件 14 – 1：

云南增值税专用发票

5300178432O

教学专用

№ 39224030

5300183322

29825030

校验码 47003 25798 01324 01104

开票日期：2020年11月10日

税总函 [2017] 号 xxxxxxxxx 公司

购买方		密码区
名 称：保山蓝鹰电器有限公司 纳税人识别号：915300001234567899 地 址、电 话：云南省保山市××路62号 1380××××××7 开户行及账号：广发银行保山市××路支行 123456789		79+ 55/5 /<-3-3> 2>5/-3*0<<787-123 *2-00+883+*89+-013-/-5-/<08+3>3124 ++*33443-**>-305381*3<>+70<+38*->7 687340>03+*89+-013-/-5--74*7484389

货物或应税劳务名称	规格型号	单位	数量	单价	金额	税率	税额
*家用制冷电器具*七星电冰箱	DB012M	台	40	3,716.81415929204	148,672.57	13%	19,327.4341
合 计					¥148,672.57		¥19,327.43
价税合计（大写）	⊗ 壹拾陆万捌仟元整				（小写）¥168,000.00		

销货单位	备注
名 称：昆明卓锦商贸有限公司 纳税人识别号：112233445566M 地 址、电 话：云南省昆明市五华区中山路251号 0871-6666666 开户行及账号：中国银行昆明市中山路支行 1340376×××3	昆明卓锦商贸有限公司 112233445566M 发票专用章

第一联：记账联 销售方记账凭证

收款人：唐丽 复核：肖敏 开票人：唐丽 销货单位：（章）

附件 14 – 2：

昆明卓锦商贸有限公司

销售单

地址：昆明市五华区中山路251号

NO：1106362

电话：0871-6666666

客户名称：保山蓝鹰电器有限公司

地址电话：云南省保山市××路62号 1380××××××7

日期：2020年11月10日

编码	产品名称	规格	单位	单价	数量	金额	备注
	七星电冰箱	DB012M	台	4,200.00	40.00	168,000.00	
合计	人民币（大写）：壹拾陆万捌仟元整					¥168,000.00	

会计联

销售经理：杨海峰 会计：肖敏 经办人：杨海峰 仓管：杨健 签收人：

业务 15	11 月 11 日	双 11 促销：买电冰箱赠送电饭煲（个人消费者），价税合计 42,000 元	零售销售汇总表、销售收款情况汇总表、发票

附件 15－1：

昆明卓锦商贸有限公司

零售汇总表

编号	品名	规格	单位	数量	不含税单价	不含税金额	税额	价税合计	备注
	长信电饭煲	WWO123	台	10	464.6017699	4,646.00	604.00	5,250.00	2020年11月11日零售销售统计（买一赠一）
	七星电冰箱	DB0012M	台	10	3,252.2123893805	32,522.10	4,227.90	3,6750.00	
合计					3,716.81	37,168.10	4,831.90	42,000.00	

会计：肖敏　　　　　　制单：

备注：冰箱原价 4,200 元/台，电饭煲原价 520 元/台，促销政策为买一台电表箱赠送一个电饭煲，按原价比例分配收入。

附件 15－2：

昆明卓锦商贸有限公司

销售收款情况汇总表

日期：2020年11月11日

支付方式	现金	刷卡	支付宝	微信	合计
支付金额	4,200.00	8,400.00	12,600.00	16,800.00	42,000.00
手续费	0.00	50.00	12.60	16.80	79.40
到账金额	4,200.00	8,350.00	12,587.40	16,783.20	41,920.60

会计：肖敏　　　　　　制单：唐丽

备注：此处假设银行刷卡手续费为 50 元，支付宝、微信手续费率均为 0.1%。

附件 15 -3：

云南增值税专用发票

5300178432 0　　No 39224030
教学专用　　5300183322
29825030

校验码 47003 25798 01324 01104　　开票日期：2020年11月11日

税总函［2017］号 xxxxxxxxxx 公司

购买方	名　称：唐小涵 纳税人识别号： 地 址、电 话： 开户行及账号：	密码区	79+ 55/5 /<-3-3> 2>5/-3*0<<787-123 *2-00+883+*89+-013-/-5-/<08+3>3124 ++*33443-**>-305381*3<>+70<+38*->1 687340>03+*89+-013-/-5--74*7484389

货物或应税劳务名称	规格型号	单位	数量	单价	金额	税率	税额
*家用制冷电器具*七星电冰箱	DB0012M	台	1	3,252.21238938053	3,252.21	13%	422.79
*家用厨房电器具*长信电饭煲	WW0123	台	1	464.60176991150	464.6	13%	60.40
合　计					¥3,716.81		¥483.19
价税合计（大写）	⊗ 肆仟贰佰元整				（小写）¥4,200.00		

销货单位	名　称：昆明卓锦商贸有限公司 纳税人识别号：112233445566M 地 址、电 话：云南省昆明市五华区中山路251号　0871-6666666 开户行及账号：中国银行昆明市中山路支行　1340376×××3	备注	

收款人：唐丽　　复核：肖敏　　开票人：唐丽　　销货单位：（章）

第一联：记账联 销售方记账凭证

备注：销售个人发票共 10 张，此处展示一张作为样本，其余略。

业务 16	11 月 12 日	存现 4,200 元	银行回单、柜台存现单据（略）

附件 16：

教学专用

国内支付业务收款回单

客户名：470291559　　日期：2020年11月12日

收款人账号：134037609973　　付款人账号：
收款人名称：昆明卓锦商贸有限公司　　付款人名称：

收款人开户银行：中国银行昆明市中山路支行　　付款人开户行：

金额：CNY4,200.00
人民币肆仟贰佰元整

业务种类：现金存款　业务编号：
用途：　　凭证号码：
备注：存现
附言

交易机构：15841　交易渠道：柜台　　交易流水号：151566982-997　　经办：
回单编号：2020111246304927　　回单验证码：242829k4BjW2　　打印时间：　　打印次数：

打印时间：2020-11-30 09:45:10　　打印次数：1

业务 17	11 月 13 日	缴纳 10 月份购销合同印花税	印花税银行回单、印花税银行缴税凭证

附件 17－1：

教学专用

国内支付业务付款回单

客户号：393181559　　日期：2020年11月08日

付款人账号：1340376×××3　　收款人账号：

付款人名称：昆明卓锦商贸有限公司　　收款人名称：国家金库五华区支库

付款人开户行：中国银行昆明市中山路支行　　收款人开户行：

金额：CNY

业务种类：实时缴税　　业务编号：21266060　　凭证字号：2020040754888239

纳税人识别号：112233445566M　　缴款书交易流水号：54888239　税票号码：353016200400055764

纳税人全称：昆明卓锦商贸有限公司

征收机关名称：国家税务总局昆明市五华区税务局

收款国库（银行）名称：国家金库五华区支库

税（费）种名称	所属日期	实缴金额
印花税	2020/10/01-2020/10/31	CNY

交易机构：15818　　交易渠道：其他　　交易流水号：106967289-417

回单编号：2020040713156732　回单验证码：242N3AQB6WQW

打印时间：2020-11-30 09:45:09　　打印次数：1

附件 17－2：

教学专用

中国银行电子缴税凭证

转账日期：2020年11月08日　　凭证字号：20200407544888246

纳税人全称及纳税人识别号：昆明卓锦商贸有限公司
112233445566M

付款人全称：昆明卓锦商贸有限公司

付款人账号：1340376×××3

付款人开户银行：中国银行昆明市中山路支行　　收款国库（银行）名称：国家金库五华区支库

小写（合计）金额：¥　　缴款书交易流水号：54888246

大写（合计）金额：　　税票号码：35301620040055751

税（费）名称	所属日期	实缴金额
印花税	2020/10/01-2020/10/31	CNY

第二联　作付款回单（无银行收讫章无效）　复核　　记账

打印时间：2020-11-30 09：45:07

业务 18	11 月 15 日	采购部王翔预支差旅费 3,000 元	差旅费预支单、收据

附件 18－1：

借款单

现金付讫

2020年11月15日

借款部门	采购部	姓名	王翔	事由	洽谈采购业务		
借款金额（大写）	零万叁仟零佰零拾零元零角零分				（小写）	¥3,000.00	
领导审批	张璟	财务审批	肖敏	部门审批	刘芸	出纳付款	唐丽
借款人	王翔		**备注**				

附件 18－2：

收　款　收　据

NO. 0012093

2020年11月15日

今　收　到 昆明卓锦商贸有限公司预支差旅费3,000元

金额（大写）零　拾 零　万 叁　仟 零　佰 零　拾 零　元 零　角 零　分

¥ 3,000.00　☑ 现金　☐ 支票　☐ 信用卡　☐ 其他　收款单位（盖章）王翔

第三联会计联

核准　　会计　　记账　　出纳 唐丽　　经手人

业务 19	11 月 16 日	从北京七星电子购进货物一批，价税合计 790,000 元，已入库	发票、随货通行的销售单、入库单

附件 19－1：

北京增值税专用发票

5300178432O

教学专用

No 3922403

5300183322
29825030

校验码 47003 25798 01324 01104

开票日期：2020年11月16日

税总函［2017］号 xxxxxxxxx 公司

购买方	名　称：昆明卓锦商贸有限公司 纳税人识别号：112233445566M 地址、电话：昆明市五华区中山路251号　0871-6666666 开户行及账号：中国银行昆明市中山路支行 1340376×××3	密码区	79+ 55/5 /<-3-3> 2>5/-3*0<<787-234 *2-00+883+*89+-013-/-5-/<08+3>3234 ++*33443-**>-305381*3<>+70<+38*->6 687340>03+*89+-013-/-5--74*7484389

货物或应税劳务名称	规格型号	单位	数量	单价	金额	税率	税额
*家用清洁电器具*七星洗衣机	WX001K	台	80	4,092.9203540	327,433.6	13%	42,566.37
*家用清洁电器具*七星洗衣机	WX012K	台	100	3.716.8141592920	372,681.4	13%	48,318.58
合　计					¥699,115.05		¥90,884.95
价税合计（大写）	⊗柒拾玖万元整				（小写）¥790,000.00		

销货单位	名　称：北京七星电子有限公司 纳税人识别号：915300001234567891 地址、电话：北京市××区××路102号　010-××××××1 开户行及账号：中国银行北京市××路支行　123456789	备注	北京七星电子有限公司 123456789 发票专用章

收款人：　　复核：　　开票人：　　销货单位（章）

第三联：发票联 购买方记账凭证

附件 19－2：

北京七星电子有限公司

销售单

地址：北京市××区××路102号

电话：010-××××××1

NO：1106362

客户名称：昆明卓锦商贸有限公司

地址电话：昆明市五华区中山路251号　0871-6666666　　日期：2020年11月16日

编码	产品名称	规格	单位	单价	数量	金额	备注
	七星洗衣机	WX001K	台	4,625.00	80.00	370,000.00	
	七星洗衣机	WX012K	台	4,200.00	100.00	420,000.00	
合计	人民币（大写）：柒拾玖万元整					¥790,000.00	

客户联

销售经理：　　会计：　　经办人：　　仓管：　　签收人：杨健

附件 19－3：

入　库　单

2020年 11 月 16 日　供应商：北京七星电子有限公司　NO.　1574476

编码	品名	型号、规格	单位	数量	单价	金额	附注
	七星洗衣机	WX001K	台	80	4,092.92	327,433.63	
	七星洗衣机	WX012K	台	100	3,716.81	371,681.42	
采购员	验货员	负责人	仓管员		**合计**	¥699,115.05	

第二联 财务联

注：第一联存根，第二联财务，第三联仓库

业务 20	11 月 18 日	采购部报销本月运费 3,650 元	付款申请单、运费发票、银行回单

附件 20－1：

付款申请单

银行付讫

收款单位	昆明硕羽物流有限公司	申请时间	2020 年 11 月 18 日
付款事由	运费		
付款方式	☑电汇　☐现金　☐支票　☐汇票		
付款金额	¥3,650.00		
开户行	中国工商银行昆明市青龙路支行	银行账号	53001234589051009871
备注			

申请人：唐丽　　财务：肖敏　　总经理审批：张璟

附件 20－2：

云南增值税专用发票

No 39224030

53001784320

5300183322
29825030

教学专用

开票日期：2020年11月18日

校验码 47003 25798 01324 01104

税总函[2017]号 xxxxxxxxxx 公司

购买方	名　　称：昆明卓锦商贸有限公司 纳税人识别号：112233445566M 地 址、电 话：昆明市五华区中山路251号 0871-6666666 开户行及账号：中国银行昆明市中山路支行 1340376×××3	密码区	+9854712// /<-3-3> 2>5/-3*0<<787-8 894++*/15*889+-013-/-5-/<08+3>3++* +85148+--56>-305381*3<>+70<+38*->- -+5340>03+*89+-013-/-5--74*7484389

货物或应税劳务名称	规格型号	单位	数量	单价	金额	税率	税额
*运输服务*运输费			1	3,348.6200000	3,348.62	9%	301.38
合　计					¥3,348.62		¥301.38
价税合计（大写）	⊗叁仟陆佰伍拾元整				（小写）¥3,650.00		

销货单位	名　　称：昆明硕羽物流有限公司 纳税人识别号：661144991122M 地 址、电 话：云南省昆明市朝阳区青龙街986号 0871-001188 开户行及账号：中国工商银行昆明市青龙街支行 1554329×××9	备注	起运点：昆明 到达地：蒙自 车种车号：云A15789 运输货物信息：电器

收款人：王西　　复核：林琳　　开票人：文一　　销货单位：（章）

昆明硕羽物流有限公司 98453344555S 发票专用章

第三联：发票联 购买方记账凭证

附件 20－3：

国内支付业务付款回单

教学专用

客户名：393187759　　日期：2020年11月18日

收款人账号：53001234589051009871　　付款人账号：1340376×××3

收款人名称：昆明硕羽物流有限公司　　付款人名称：昆明卓锦商贸有限公司

收款人开户银行：中国工商银行昆明市青龙街支行　　付款人开户行：中国银行昆明市中山路支行

金额：CNY3,650.00

人民币叁仟陆佰伍拾元整

报文种类：beps.121.001.01-客户发起普通贷记业务报文

业务类型：A100-普通汇兑　　收支申报号：

业务标识号：2020050638365921　　业务编号：

发起行行号：104731007026　　接收行行号：105731003182

发起行名称：中国银行昆明市中山路支行　　接收行名称：中国工商银行昆明市青龙街支行

入账账号：53001234589051009871　　入账户名：昆明硕羽物流有限公司

用途：

附言：运输费

打印时间：2020-11-30 19:45:10　　打印次数：1

中国银行股份有限公司 昆明市中山路支行 业务专用章 11GUEN44 WU4JGNIN

业务 21	11 月 18 日	总经办刘芸报销汽车使用费 741.76 元	加油费发票、停车票

附件 21－1：

云南增值税电子专用发票

成品油

教学专用

机器编号：4700325798

发票代码：0634567790
发票号码：04783424
开票日期：2020年11月18日
校 验 码：47003257980132

税总函[2017]号 xxxxxxxxxx 公司

购买方	名　　称：昆明卓锦商贸有限公司 纳税人识别号：112233445566M 地 址、电 话：昆明市五华区中山路251号　0871-6666666 开户行及账号：中国银行昆明市中山路支行　1340376×××3	密码区	79+ 55/5 /<-3-3> 2>5/-3*0<<787-345 *2-00+883+*89+-013-/-5-/<08+3>3211 ++*33443-**>-305381*3<>+70<+38*->3 687340>03+*89+-013-/-5--74*7484389

货物或应税劳务名称	规格型号	单位	数量	单价	金额	税率	税额
*汽油*汽油92#（VIB）		升	100	6.5200000	652	13%	84.76
合　计					¥652.00		¥84.76
价税合计（大写）	⊗ 柒佰叁拾陆元柒角陆分				（小写）¥736.76		

销货单位	名　　称：云南强林石化集团有限公司 纳税人识别号：91530000216568586U 地 址、电 话：云南省昆明市官渡区云秀路3298号　0871-64143935 开户行及账号：中国工商银行昆明市云秀支行　62122 62321 12456 1234	备注	

收款人：李丽媛　　复核：刘颖芳　　开票人：张肖芸　　销货单位：（章）

第三联：发票联 购买方记账凭证

附件 21－2：

云南通用定额发票

发票联

发票代码 152001963004

发票号码 13347675

伍元整

（盖章有效）

云南省国税印刷厂2019年7月印200000本

业务 22	11 月 22 日	采购部王翔报销差旅费 3,180 元	差旅费报销单、航空行程单、住宿费发票、餐费发票

附件 22 – 1：

差旅费报销单

2020年11月19日

单据及附件共 7 张

所属部门		采购部		姓名	王翔	出差事由	北京洽谈采购业务	
出发		到达		起止地点	交通费	住宿费	伙食费	其他
月	日	月	日					
11	10	11	10	昆明-北京	450.00	460.00		
11	11	11	11			460.00	180.00	
11	12	11	12			460.00	110.00	
11	13	11	13			460.00	90.00	
11	14	11	14	北京-昆明	450.00		60.00	
合计	大写金额：	人民币叁仟壹佰捌拾元整 ¥3,180.00		预支旅费	¥3,000.00		退回金额	¥0.00
							补付金额	¥180.00

总经理：张璟　　会计：肖敏　　出纳：唐丽　　部门经理：　　报销人：王翔

附件 22 – 2：

航空运输电子客票行程单

ITINERARY/RECEIPT OF E-TICKET FOR AIR TRANSPORT

印刷序号：SERIAL NUMBER: 1024576236 25

旅客姓名 NAME OF 张欣	有效身份证件号码 ID.NO. 110021198905318877					签注 ENDORSEMENTSRESTRICTIONSCARBON			
AIA852	承运人 CARRIER	航班号 FLIGHT	座位等级 CLASS	日期 DATE	时间 TIME	客票级别/客票类别 FARE BASIS	客票生效日期 NOT VALID	有效截止日期 NOT VALID	免费行李 ALLOW
自FROM 昆明	国航	GA490	Y	2020-11-10		Y			20K
至TO 北京									
至TO									
至TO									
至TO	票价RMB CNY420.00		机场建设费AIRPORT TAX	燃油附加费 FUEL SURCHARGE CNY30.00		其他税费 OTHER TAXES	合计 TOTAL CNY450.00		
电子客票号码 E-TICKET NO 1113550207021	验证码 CK		提示信息 INFORMATION				保险费 INSURANCE		
销售单位代号 AGENT CODE DGD123	填开单位 ISSUED		中国国际航空股份有限公司				填开日期 DATE OF ISSUE 2020-11-10		

付款凭证 RECEIPT　手写无效 INVALID IN HANDWRITING

验真网站：WWW.TRAVELSKY.COM　服务热线：400-1122-358　短信验真：发送 JP 至 10661234

请您在乘机前认真阅读《旅客须知》及承运人的运输总条件内容

The important.Notice and the general condition of carriage must be read before traveling.

附件 22－3：

航空运输电子客票行程单
ITINERARY/RECEIPT OF E-TICKET FOR AIR TRANSPORT

印刷序号： 1024573142 8
SERIAL NUMBER:

旅客姓名 NAME OF	有效身份证件号码 ID.NO.	签注 ENDORSEMENTSRESTRICTIONSCARBON							
张欣	110021198905318877								
AIA852	承运人 CARRIER	航班号 FLIGHT	座位等级 CLASS	日期 DATE	时间 TIME	客票级别/客票类别 FARE BASIS	客票生效日期 NOT VALID	有效截止日期 NOT VALID	免费行李 ALLOW
自FROM 北京	国航	GU390	Y	2020-11-14		Y			20K
至TO 昆明									
至TO									
至TO									
至TO	票价RMB CNY420.00	机场建设费AIRPORT TAX		燃油附加费 FUEL SURCHARGE CNY30.00		其他税费 OTHER TAXES	合计 TOTAL CNY450.00		
电子客票号码 E-TICKET NO 1113553577021	验证码 CK	提示信息 INFORMATION						保险费 INSURANCE	
销售单位代号 AGENT CODE DGD123	填开单位 ISSUED	中国国际航空股份有限公司					填开日期 DATE OF ISSUE	2020-11-14	

验真网站： WWW.TRAVELSKY.COM　服务热线： 400-1122-358　短信验真： 发送 JP 至 10661234　请您在乘机前认真阅读《旅客须知》及承运人的运输总条件内容 The important.Notice and the general condition of carriage must be read before traveling.

付款凭证 RECEIP　手写无效 TINVALD IN HANDWRITING

附件 22－4：

北京增值税普通发票

53001735320　　No 39224030
教学专用　　5300183322
　　29825030
校验码 47003 25798 12324 01104　　开票日期：2020年11月11日

购买方	名称：昆明卓锦商贸有限公司 纳税人识别号：112233445566M 地址、电话：云南省昆明市五华区中山路251号　0871-6666666 开户行及账号：中国银行昆明市中山路支行　1340376×××3	密码区	79+ 55/5 /<-3-3> 2>5/-3*0<<736587- *2-00+883+*233+-013-/-5-4/<048+3>3 ++*33443-**>-3045381*3<>+70<+38*-> 687340>03+*89+-013-/-5--74*7484389				
货物或应税劳务名称	规格型号	单位	数量	单价	金额	税率	税额
*服务费*餐费			1	174.7572800	174.76	3%	5.24
合计					¥174.76		¥5.24
价税合计（大写）	⊗壹佰捌拾元整				（小写）¥180.00		
销货单位	名称：北京健坤餐饮集团有限责任公司 纳税人识别号：91110106783246O652 地址、电话：北京市丰台区羊坊村819号201室至218室　010-63865635 开户行及账号：中国银行北京丰台路支行 30622 62502 90056 1234	备注	北京健坤餐饮集团有限责任公司 123456789 发票专用章				

收款人：罗源　　复核：杨正　　开票人：郝胜　　销货单位：（章）

税总函[2017]号 xxxxxxxxx公司

第二联：发票联 购买方记账凭证

附件 22－5：

北京增值税普通发票

5300173532O

教学专用

全国统一发票监制章 北京 国家税务总局监制

No 39244460

5300183322
29825030

开票日期：2020年11月12日

校验码 47003 25798 12324 01104

税总函[2017]号xxxxxxxxxx公司

购买方		密码区	
名称	昆明卓锦商贸有限公司		79+ 24/5 /<-3-3> 2>5/-3*0<<736587-
纳税人识别号	112233445566M		*2-00+883+*233+-013-/-5-4/<048+3>3
地址、电话	云南省昆明市五华区中山路251号 0871-6666666		++*33443-**>-3045381*3<>+71<+38*->
开户行及账号	中国银行昆明市中山路支行 1340376×××3		687340>03+*89+-013-/-5--74*7484389

货物或应税劳务名称	规格型号	单位	数量	单价	金额	税率	税额
*服务费*餐费			1	106.7961100	106.8	3%	3.2
合计					¥106.80		¥3.20
价税合计（大写）	⊗壹佰壹拾元整				（小写）¥110.00		

销货单位		备注	
名称	北京健坤餐饮集团有限责任公司		
纳税人识别号	911101067832460652		
地址、电话	北京市丰台区羊坊村819号201室至218室 010-63865635		
开户行及账号	中国银行北京丰台路支行 30622 62502 90056 1234		

收款人：罗源　复核：杨正　开票人：郝胜　销货单位：（章）

北京健坤餐饮集团有限责任公司 123456789 发票专用章

第二联：发票联 购买方记账凭证

附件 22－6：

北京增值税普通发票

5300173532O

教学专用

全国统一发票监制章 北京 国家税务总局监制

No 39244430

5300183322
29825030

开票日期：2020年11月13日

校验码 47003 25798 12324 01104

税总函[2017]号xxxxxxxxxx公司

购买方		密码区	
名称	昆明卓锦商贸有限公司		79+ 24/5 /<-3-3> 2>5/-3*0<<736587-
纳税人识别号	112233445566M		*2-00+883+*233+-013-/-5-4/<048+3>3
地址、电话	云南省昆明市五华区中山路251号 0871-6666666		++*33443-**>-3045381*3<>+70<+38*->
开户行及账号	中国银行昆明市中山路支行 1340376×××3		687340>03+*89+-013-/-5--74*7484389

货物或应税劳务名称	规格型号	单位	数量	单价	金额	税率	税额
*服务费*餐费			1	87.3786408	87.38	3%	2.62
合计					¥87.38		¥2.62
价税合计（大写）	⊗玖拾元整				（小写）¥90.00		

销货单位		备注	
名称	北京健坤餐饮集团有限责任公司		
纳税人识别号	911101067832460652		
地址、电话	北京市丰台区羊坊村819号201室至218室 010-63865635		
开户行及账号	中国银行北京丰台路支行 30622 62502 90056 1234		

收款人：罗源　复核：杨正　开票人：郝胜　销货单位：（章）

北京健坤餐饮集团有限责任公司 123456789 发票专用章

第二联：发票联 购买方记账凭证

附件 22 －7：

北京增值税普通发票

No 39224030

5300183322
29825030

53001735320

教学专用

校验码 47003 25798 12324 01104

开票日期：2020年11月14日

购买方	名　　　称：昆明卓锦商贸有限公司 纳税人识别号：112233445566M 地 址、电 话：云南省昆明市五华区中山路251号　0871-6666666 开户行及账号：中国银行昆明市中山路支行　1340376×××3	密码区	79+ 55/5 /<-3-3> 2>5/-3*0<<736587- *2-00+883+*233+-013-/-5-4/<048+3>3 ++*33443-**>-3045381*3<>+70<+38*-> 687340>03+*89+-013-/-5--74*7484389

货物或应税劳务名称	规格型号	单位	数量	单价	金额	税率	税额
*服务费*餐费			1	58.2524272	58.25	3%	1.75
合　　计					¥58.25		¥1.75
价税合计（大写）	⊗ 陆拾元整				（小写）¥60.00		

销货单位	名　　　称：昆明君爱酒店有限公司 纳税人识别号：91441424MA564CM3E 地 址、电 话：云南省昆明市五华区洪化桥34号 13575577777 开户行及账号：工商银行昆明市青云路支行 62122 62502 90056 1234	备注	昆明君爱酒店有限公司 123456789 发票专用章

收款人：罗嘉　　复核：鲍正　　开票人：郑月　　销货单位：（章）

税总函［2017］号 xxxxxxxxxx 公司

第二联：发票联 购买方记账凭证

附件 22 －8：

北京增值税专用发票

No 32324030

5300183322
29825030

53001735320

教学专用

校验码 47003 25798 12324 01104

开票日期：2020年11月14日

购买方	名　　　称：昆明卓锦商贸有限公司 纳税人识别号：112233445566M 地 址、电 话：云南省昆明市五华区中山路251号　0871-6666666 开户行及账号：中国银行昆明市中山路支行　1340376×××3	密码区	79+ 55/5 /<-3-3> 2>5/-3*0<<736587- *2-00+883+*233+-013-/-5-4/<048+3>3 ++*33013-**>-3045381*3<>+70<+38*-> 687340>03+*89+-013-/-5--74*7484389

货物或应税劳务名称	规格型号	单位	数量	单价	金额	税率	税额
*住宿服务*住宿费		天	4	433.9622642	1,735.85	6%	104.15
合　　计					¥1,735.85		¥104.15
价税合计（大写）	⊗ 壹仟捌佰肆拾元整				（小写）¥1,840.00		

销货单位	名　　　称：北京顺来福酒店管理有限公司 纳税人识别号：911101067832460652 地 址、电 话：北京市丰台区樊家村南101-1号　18101079918 开户行及账号：中国银行北京丰台路支行 30436 62502 90056 1234	备注	北京顺来福酒店管理集团有限公司 123456789 发票专用章

收款人：罗英　　复核：张宇　　开票人：于子秋　　销货单位：（章）

税总函［2017］号 xxxxxxxxxx 公司

第三联：发票联 购买方记账凭证

业务 23	11 月 24 日	从成都长信科技股份有限公司采购商品，价税合计 1,091,500 元	发票、随货通行的销售单、入库单

附件 23 – 1：

四川增值税专用发票

5300178432O

教学专用

No 39224030

5300183322

29825030

校验码 47003 25798 01324 01104

开票日期：2020年11月24日

税总函〔2017〕号 xxxxxxxxxx 公司

购买方	名称：昆明卓锦商贸有限公司 纳税人识别号：112233445566M 地址、电话：昆明市五华区中山路251号 0871-6666666 开户行及账号：中国银行昆明市中山路支行 1340376×××3			密码区	79+ 55/5 /<-3-3> 2>5/-3*0<<787-575 *2-00+883+*89+-013-/-5-/<08+3>3869 ++*33443-**>-305381*3<>+70<+38*->9 687340>03+*89+-013-/-5--74*7484389		
货物或应税劳务名称	规格型号	单位	数量	单价	金额	税率	税额
*家用音视频设备*长信彩电	CD016A	台	60	5,331.8584071	31,9911.5	13%	41,588.5
*家用音视频设备*长信彩电	CD014E	台	80	4,977.8761061947	398,230.09	13%	51,769.91
*家用音视频设备*长信彩电	CD003A	台	70	3,539.823009	247,787.61	13%	32,212.39
合计					¥965,929.20		¥125,570.80
价税合计（大写）	⊗壹佰零玖万壹仟伍佰元整				（小写）¥1,091,500.00		
销货单位	名称：成都长信科技股份公司 纳税人识别号：915300001234567892 地址、电话：成都市××区××路86号 028-××××××2 开户行及账号：中国银行成都市××路支行 123456789			备注			

收款人：　　复核：　　开票人：　　销货单位：（章）

成都长信科技股份公司 123456789 发票专用章

第一联：发票联 购买方记账凭证

附件 23 – 2：

成都长信科技股份公司

销售单

地址：成都市××区××路86号　　NO：1106362

电话：028-××××××2

客户名称：昆明卓锦商贸有限公司

地址电话：昆明市五华区中山路251号 0871-6666666　　日期：2020年11月24日

编码	产品名称	规格	单位	单价	数量	金额	备注
	长信彩电	CD016A	台	6,025.00	60.00	361,500.00	
	长信彩电	CD014E	台	5,625.00	80.00	450,000.00	
	长信彩电	CD003A	台	4,000.00	70.00	280,000.00	
合计	人民币（大写）：壹佰零玖万壹仟伍佰元整					¥1,091,500.00	

会计联

销售经理：　　会计：　　经办人：　　仓管：　　签收人：

附件 23 – 3：

入　　库　　单

2020年 11 月 24 日　　供应商：成都长信科技股份公司　　NO.　1007405

编码	品名	型号、规格	单位	数量	单价	金额	附注
	长信彩电	CD016A	台	60	5,331.86	319,911.50	
	长信彩电	CD014E	台	80	4,977.88	398,230.09	
	长信彩电	CD003A	台	70	3,539.82	247,787.61	
采购员	验货员	负责人	仓管员	杨健	**合计**	¥965,929.20	

第二联

财务联

注：第一联存根，第二联财务，第三联仓库

业务 24	11 月 27 日	支付（北京七星电子）货款 1,000,000 元	付款申请单、银行回单

附件 24 – 1：

付款申请单

银行付讫

收款单位	北京七星电子有限公司	申请时间	2020 年 11 月 27 日
付款事由	支付货款		
付款方式	☑电汇　□现金　□支票　□汇票		
付款金额	¥1,000,000.00	（大写）	人民币壹佰万元整
开户行	中国银行北京市 ×× 路支行	银行账号	123456789
备注	支付货款		

申请人：王翔　　财务：肖敏　　总经理审批：张璟

附件 24－2：

国内支付业务付款回单

教学专用

客户名：393175963　　日期：2020年11月27日

收款人账号：123456789　　付款人账号：1340376×××3

收款人名称：北京七星电子有限公司　　付款人名称：昆明卓锦商贸有限公司

收款人开户银行：中国银行北京市××路支行　　付款人开户行：中国银行昆明市中山路支行

金额：CNY1,000,000.00

人民币壹佰万元整

报文种类：beps.121.001.01-客户发起普通贷记业务报文

业务类型：A100-普通汇兑　　收支申报号：

业务标识号：2020042438365921　　业务编号：

发起行行号：123456789012　　接收行行号：123456789012

发起行名称：中国银行昆明市中山路支行　　接收行名称：中国银行北京市××路支行

入账账号：123456789　　入账户名：北京七星电子有限公司

用途：

附言：支付货款

打印时间：2020-11-27 09:45:10　　打印次数：1

业务 25	11 月 25 日	收到保山蓝鹰货款 168,000 元	银行回单

附件 25：

国内支付业务收款回单

教学专用

客户名：393181559　　日期：2020年11月27日

收款人账号：1340376×××3　　付款人账号：123456789

收款人名称：昆明卓锦商贸有限公司　　付款人名称：保山蓝鹰电器有限公司

收款人开户银行：中国银行昆明市中山路支行　　付款人开户行：广发银行保山市××路支行

金额：CNY168,000.00

人民币壹拾陆万捌仟元整

报文种类：beps.121.001.01-客户发起普通贷记业务报文

业务类型：A100-普通汇兑　　收支申报号：

业务标识号：2020042438365921　　业务编号：

发起行行号：123456789012　　接收行行号：123456789012

发起行名称：广发银行保山市××路支行　　接收行名称：中国银行昆明市中山路支行

入账账号：1340376×××3　　入账户名：昆明卓锦商贸有限公司

用途：

附言：支付货款

打印时间：2020-11-27 09:45:10　　打印次数：1

业务 26	11 月 26 日	向云南厚通销售货物，价税合计 1,032,000 元	销售发票、销售单

附件 26－1：

云南增值税普通发票

5300178432０ 教学专用

No 39224030

5300183322
29825030

此联不作报销、扣税凭证使用

开票日期：2020年11月26日

校验码 47003 25798 01324 01104

购买方	名　　称：云南厚通科技有限公司 纳税人识别号：915300001234567890 地 址、电 话：昆明市××区××路18号　1380××××××8 开户行及账号：交通银行昆明市××路支行　123456789	密码区	79+ 55/5 /<-3-3> 2>5/-3*0<<787-123 *2-00+883+*89+-013-/-5-/<08+3>3124 ++*33443-**>-305381*3<>+70<+38*->7 687340>03+*89+-013-/-5--74*7484389

货物或应税劳务名称	规格型号	单位	数量	单价	金额	税率	税额
*家用清洁电器具*七星洗衣机	WX012K	台	80	4,247.78761061946	339,823.01	13%	44,176.9913
*家用音视频设备*长信彩电	CD003A	台	120	4,778.7610619469	573,451.33	13%	74,548.67
合　　计					¥913,274.34		¥118,725.66
价税合计（大写）	⊗ 壹佰零叁万贰仟元整				（小写）¥1,032,000.00		

销货单位	名　　称：昆明卓锦商贸有限公司 纳税人识别号：112233445566M 地 址、电 话：云南省昆明市五华区中山路251号　0871-6666666 开户行及账号：中国银行昆明市中山路支行　1340376×××3	备注	

收款人：唐丽　　复核：肖敏　　开票人：唐丽　　销货单位：（章）

税总函［2017］号 xxxxxxxxx 公司

第一联：记账联　销售方记账凭证

附件 26－2：

昆明卓锦商贸有限公司

销　售　单

地址：昆明市五华区中山路251号

电话：0871-6666666

NO：1106362

客户名称：云南厚通科技有限公司

地址电话：昆明市××区××路18号　1380××××××8

日期：2020年11月26日

编码	产品名称	规格	单位	单价	数量	金额	备注
	七星洗衣机	WX012K	台	4,800.00	80.00	384,000.00	
	长信彩电	CD003A	台	5,400.00	120.00	648,000.00	
合计	人民币（大写）：壹佰零叁万贰仟元整					¥1,032,000.000	

会计联

销售经理：杨海峰　　会计：肖敏　　经办人：杨海峰　　仓管：杨健　　签收人：

业务 27	11 月 28 日	支付成都长信货款 1,091,500 元	付款申请单、银行回单

附件 27 －1：

付款申请单

收款单位	成都长信科技股份有限公司	申请时间	2020 年 11 月 28 日
付款事由	支付货款		
付款方式	☑电汇　　☐现金　　☐支票　　☐汇票		
付款金额	¥1,091,500.00	（大写）	人民币壹佰零玖万壹仟伍佰元整
开户行	**中国银行成都市 ×× 路支行**	银行账号	123456789
备注	支付货款		

申请人：王翔　　　　财务：肖敏　　　　总经理审批：张璟

附件 27 －2：

国内支付业务付款回单

教学专用

客户名：3931759634　　　　日期：2020年11月28日

收款人账号：123456789　　　　付款人账号：1340376×××3

收款人名称：成都长信科技股份公司　　　　付款人名称：昆明卓锦商贸有限公司

收款人开户银行：中国银行成都市XX路支行　　　　付款人开户行：中国银行昆明市中山路支行

金额：CNY1,091,500.00

人民币壹佰零玖万壹仟伍佰元

报文种类：beps.121.001.01-客户发起普通贷记业务报文

业务类型：A100-普通汇兑　　　　收支申报号：

业务标识号：2020042438365921　　　　业务编号：

发起行行号：123456789012　　　　接收行行号：012123456789

发起行名称：中国银行昆明市中山路支行　　　　接收行名称：中国银行成都市XX路支行

入账账号：123456789　　　　入账户名：成都长信科技股份公司

用途：

附言：货款

打印时间：2020-11-28 09:45:10　　　　打印次数：1

中国银行股份有限公司 昆明市中山路支行 业务专用章 11GUEN44 WU4JGNIN

业务 28	11 月 30 日	计提本月工资 63,700 元，计提社保 3,080 元，计提公积金 1,400 元，计提个税 349.2 元	工资单、个税计算表

附件 28－1：

2020年11月昆明卓锦商贸有限公司工资表

姓名	职务	部门	基本工资	加班费	考勤扣款	工资总额	代扣个人社保	代扣个人公积金	代扣个税	实发工资	签名
张璟	总经理	总经办	15,000	1,500	0	16,500	440	200	145.8	15,714.2	
刘芸	办公室主任	总经办	13,000	1,000	0	14,000	440	200	190.8	13,169.2	
王翔	部门经理	采购部	3,800	500	0	4,300	440	200	0	3,660	
杨健	仓库管理员	仓储部	3,800	600	0	4,400	440	200	0	3,760	
肖敏	会计部门负责人	财务部	5,500	500	0	6,000	440	200	0	5,360	
唐丽	出纳	财务部	5,000	500	0	5,500	440	200	0	4,860	
管理人员小计			46,100	4,600	0	50,700	2,640	1,200	336.6	46,523.4	
杨海峰	部门经理	销售部	12,000	1,000	0	13,000	440	200	12.6	12,347.4	
销售人员小计			12,000	1,000	0	13,000	440	200	12.6	12,547.4	
合计			58,100	5,600	0	63,700	3,080	1,400	349.2	59,070.8	

总经理：张璟　　财务审核：肖敏　　制单：唐丽

附件 28－2：

2020年11月个税计算表

部门	姓名	累计工资收入	累计专项扣除	累计基本减除费用	累计专项附加扣除						累计预扣预缴应纳税所得额	适用税率	速算扣除	累计应预扣预缴税款	已预缴税款预扣	本期实际应预扣预缴税款额
					累计子女教育	累计住房贷款利息	累计住房租金	累计赡养老人	累计继续教育	合计						
总经办	张璟	41,900	1,280	20,000	8,000	0	0	4,000	0	12,000	8,620	3%	0	258.6	112.8	145.8
	刘芸	36,350	1,280	20,000	0	4,000	0	4,000	0	8,000	7,070	3%	0	212.1	21.3	190.8
采购部	王翔	15,400	1,280	20,000	0	4,000	0	8,000	0	12,000	0	0%	0	0	0	0
仓储部	杨健	15,500	1,280	20,000	0	0	0	0	0	0	0	0%	0	0	0	0
财务部	肖敏	19,800	1,280	20,000	8,000	0	0	0	4,000	12,000	0	0%	0	0	0	0
	唐丽	17,800	1,280	20,000	0	0	0	0	0	0	0	0%	0	0	0	0
管理人员合计		146,750	7,680	120,000	16,000	8,000	0	16,000	4,000	44,000	15,690			470.7	134.1	336.6
销售部	杨海峰	33,700	1,280	20,000	0	4,000	0	4,000	4,000	12,000	420	3%	0	12.6	0	12.6
销售人员合计		33,700	1,280	20,000	0	4,000	0	4,000	4,000	12,000	420			12.6	0	12.6
合计		180,450	8,960	140,000	16,000	12,000	0	20,000	8,000	56,000	16,110			483.3	134.1	349.2

总经办：张璟　　财务审核：肖敏　　制单：唐丽

备注：个税每月预缴，如有数据错误，可在下年初个税汇算时更正修改。

业务 29	11 月 30 日	结转本月销售成本	销售成本计算表

附件 29：

2020年11月份销售产品成本计算表

编制单位：昆明卓锦商贸有限公司　　　　单位：元

商品名称	规格	期初数量	单价	期初结存金额	本期购入数量	本期购入金额	本期发出数量	本期发出金额	期末结存数量	单价	期末结存金额
合计		0		0.00					0.00		0.00

审核：　　　　制表：唐丽

业务 30	11 月 30 日	计提本月固定资产折旧 885. 32 元	固定资产折旧明细表

附件 30：

昆明卓锦商贸有限公司固定资产折旧明细表

编制单位：昆明卓锦商贸有限公司　　2020年11月30日　　单位：元

固定资产编号	固定资产名称	固定资产类别	使用部门	入账日期	可使用年限	购买原值	残值率	净残值	月折旧额	累计折旧	净值
A202008001	电脑	电子设备	销售部门	2020年8月	3年	5,309.73	5%	265.49	140.12	420.35	4,889.38
A202008002	电脑	电子设备	管理部门	2020年8月	3年	5,309.73	5%	265.49	140.12	420.35	4,889.38
A202008003	电脑	电子设备	管理部门	2020年8月	3年	5,309.73	5%	265.49	140.12	420.36	4,889.37
A202008004	电脑	电子设备	管理部门	2020年8月	3年	5,309.73	5%	265.49	140.12	420.36	4,889.37
A202008005	电脑	电子设备	管理部门	2020年8月	3年	5,309.73	5%	265.49	140.12	420.36	4,889.37
A202009001	复印机	电子设备	管理部门	2020年9月	3年	7,000.00	5%	350.00	184.72	369.44	6,630.56
	合计					3,3548.65		1,677.43	885.32	2,471.23	31,077.42

审核：肖敏　　制表：肖敏

业务 31	11 月 30 日	本月无形资产摊销 222. 22 元	无形资产摊销表

附件 31：

无形资产摊销表

编制单位：昆明卓锦商贸有限公司　　日期：2020年11月30日　　单位：元

项目	摊销时段	摊销期间数/月	预付账款	月摊销金额	本月摊销额	累计摊销	净值
用友软件	2020年10月–2023年9月	36	8,000.00	222.22	222.22	444.44	7,555.56
合计			8,000.00	222.22	222.22	444.44	7,555.56

业务 32	11 月 30 日	本月长期费用摊销 5,030. 03 元	长期费用摊销表

附件 32：

长期费用摊销表

编制单位：昆明卓锦商贸有限公司　　日期：2020年11月30日　　单位：元

项目	摊销时段	摊销期间数/月	预付账款	月摊销金额	本月摊销额	累计摊销	净值
办公室装修费	2020年8月–2023年8月	36	100,000.00	2,777.78	2,777.78	11,111.11	88,888.89
租金	2020年8月–2021年8月	12	27,027.03	2,252.25	2,252.25	9,009.00	18,018.03
合计			127,027.03	5,030.03	5,030.03	20,120.11	106,906.92

业务 33	11 月 30 日	进项税认证与申报抵扣	进项税认证通知单、申报抵扣汇总表

附件 33－1：

教学专用

认证结果通知书

昆明卓锦商贸有限公司：

你单位于　　年　　月报送的防伪税控系统开具的专用发票抵扣联共　　份。经过认证，认证专用发票　　份，税额　　元。现将认证相符的专用发票抵扣联退还给你单位，请查收。

请将认证相符专用发票抵扣联与本通知书一起装订成册，作为纳税检查的备查资料。

认证详细情况请见本通知书所附清单。

年　　月　　日

增值税专用发票认证结果清单（认证相符）

教学专用

所属期：　　年　　月

企业名称：昆明卓锦商贸有限公司　　纳税人识别号：112233445566M

序号	发票代码	发票号码	开票日期	销方名称	金额	税率	税额	认证结果	发票类型
1								认证相符	专用发票
2									
3									
4									
5									
6									
7									
8									
合计：									
制表人：			制表时间：　年　月　日	接受人：			接受时间：　年　月　日		

附件 33－2：

申报抵扣发票统计表

教学专用

报表更新时间：　　年　　月　　日

企业名称：昆明卓锦商贸有限公司

纳税人识别号：112233445566M　　认证月份：　年　月　　单位（元）

发票类型	发票份数	金额	税额
增值税专用发票			
机动车销售统一发票			
通行费发票			
出口转内销发票			
海关缴款书			
出口转内销海关缴款书			
总计			

业务 34	11 月 30 日	结转本月未交增值税、计提附加税、印花税	增值税结转单、附加税计提单、印花税计提单

附件 34－1：

未交增值税计算表

2020年11月30日

项　　目	金　　额（元）
销项税额	
上期留抵进项税额	
本期进项税额	
进项税额转出	
本期可抵扣进项税额	
本期应交增值税额	

复核人：　　　　制表人：肖敏

附件 34－2：

税金及附加计算表

编制日期：2020年11月30日　　　　单位：元

应交税费明细项目	计算依据	计税金额	税率	应纳税额	备注
应交城市维护建设税	增值税		7%		
应交教育费附加	增值税		3%		
应交地方教育费附加	增值税		2%		
印花税（购销合同）	购销金额合计		0.3‰		
合计					

复核人：　　　　制表人：肖敏

【业务重点】

销售产品成本的计算和结转、增值税结转、附加税计提。

【训练要求】

填制记账凭证，登记明细账、总账。

【总结】

五、12 月业务期账务处理

表 2 – 8

业务编号	日期	摘要	凭证
业务 1	12 月 2 日	报销公司组织员工开展篮球比赛费用 1,200 元	费用报销单、订球场发票
业务 2	12 月 3 日	采购部王翔报销业务招待费 1,300 元	费用报销单、餐饮费普通发票
业务 3	12 月 4 日	从北京七星购进货物一批，价税合计共 745,000 元，已入库	发票、随货通行的销售单、入库单
业务 4	12 月 5 日	向广南县万辉电器城销售货物一批，价税合计共 492,000 元	发票、销售单
业务 5	12 月 6 日	收到委托代销物品：美晶牌吸尘器 10 台	委托代销协议（略）、入库单
业务 6	12 月 7 日	支付北京七星货款 745,000 元	付款申请单、银行回单
业务 7	12 月 8 日	向昆明大兴销售货物一批，价税合计共 766,000 元	发票、销售单
业务 8	12 月 8 日	缴纳 11 月份增值税、附加税、购销印花税	增值税、附加税、印花税银行回单、缴款凭证
业务 9	12 月 9 日	支付 11 月份工资 58,870.8 元、代扣社保 3,080 元，代扣公积金 1,400 元，代扣个税 349.2 元	工资表、银行回单（工资）、银行回单（个税）、银行缴税凭证（个税）
业务 10	12 月 10 日	计提并缴纳当月社保费 12,404 元、公积金 2,800 元	社保和公积金明细表、住房公积金缴存进账单、银行收款回单——住房公积金、付款回单——医疗保险、付款回单——养老保险、付款回单——失业保险、缴款凭证——医疗保险生育保险、缴款凭证——养老保险工伤保险、缴款凭证——失业保险
业务 11	12 月 11 日	收到广南县货款，价税合计共 49.2 万元	收款回单
业务 12	12 月 11 日	库存盘点，盘亏彩电 1 台，盘盈冰箱 1 台	库存盘点表、处理意见书
业务 13	12 月 12 日	双 12 促销：特定商品八折销售	发票（折扣）、销售单、银行收款回单（略）
业务 14	12 月 13 日	报销公司购买洗发水给员工发福利费用 910 元	发票、费用报销单、福利分配表
业务 15	12 月 14 日	从成都长信购进货物一批，价税合计共 1,376,000 元，商品尚未达到	采购发票
业务 16	12 月 16 日	向昆明大湾酒店销售货物一批，价税合计共 282,000 元	发票、销售单

续表

业务编号	日期	摘要	凭证
业务 17	12 月 18 日	采购部报销本月运费 3,620.7 元	支付审批单、运费发票
业务 18	12 月 19 日	收到昆明大兴 12 月 8 日货款 827,600 元	收款回单
业务 19	12 月 20 日	12 月 14 日购入的长信彩电到货	销售单、入库单
业务 20	12 月 23 日	收到昆明大湾 12 月 16 日货款 282,000 元	收款回单
业务 21	12 月 24 日	从成都长信科技购进货物一批，价税合计共 908,000 元	发票、随货通行的销售单、入库单
业务 22	12 月 27 日	向大理佳佳销售货物一批，价税合计共 1,150,000 元	发票、销售单
业务 23	12 月 28 日	收到大理佳佳货款 1,150,000 元	收款回单
业务 24	12 月 28 日	销售代销产品 10 台，价税合计共 12,000 元	销售单、发票、付款回单
业务 25	12 月 28 日	结算代销商品款	受托方销售汇总表、受托方手续费发票、付款回单、委托方发票
业务 26	12 月 28 日	现金缴纳环保局罚款 300 元	费用报销单、罚单
业务 27	12 月 28 日	销售退货	退货入库单、增值税红字发票、银行付款回单
业务 28	12 月 29 日	向弥勒长隆销售货物一批，价税合计共 696,000 元	发票、销售单
业务 29	12 月 29 日	向蒙自大兴销售货物一批，价税合计共 924,000 元	发票、销售单
业务 30	12 月 29 日	收到弥勒长隆货款 696,000 元	收款回单
业务 31	12 月 30 日	收到蒙自大兴货款 924,000 元	收款回单
业务 32	12 月 30 日	支付银行扣短信服务费 12.5 元	客户付费回单
业务 33	12 月 30 日	计提本月工资 61,700 元，计提社保 3,080，计提公积金 1,400 元，计提个税 516.6 元	工资单、12 月个税表
业务 34	12 月 30 日	结转本月销售成本	汇总出库单（略）、成本计算表
业务 35	12 月 30 日	计提本月固定资产折旧 885.32 元	固定资产折旧明细表
业务 36	12 月 31 日	本月无形资产摊销 222.22 元	无形资产摊销表
业务 37	12 月 31 日	本月长期费用摊销 5,030.03 元	长期费用摊销表
业务 38	12 月 30 日	进项税认证与申报抵扣	进项税认证通知书、申报抵扣汇总表
业务 39	12 月 31 日	结转本月未交增值税，计提附加税、印花税	附加税计提单、未交增值税计算表
业务 40	12 月 31 日	计提第 4 季度企业所得税	企业所得税计提表
业务 41	12 月 31 日	结转本年利润	无

【原始凭证】

业务1	12月2日	报销公司组织员工开展篮球比赛费用1,200元	费用报销单、订球场发票

附件1－1：

费 用 报 销 单

现金付讫

部门　　　　　　　　　　报销日期　2020年　12月 02日

费　用　项　目	票据张数	金额（元）	备注
订球场	1	1,200.00	
报 销 金 额 合 计		1,200.00	
金额（大写）　零拾 零万壹 仟 贰 佰　零拾　零元　零 角　零 分			￥ 1,200.00

单位负责人：张璟　　验收或证明人：　　部门负责人：　　财务：唐丽　　报销人：刘芸

附件1－2：

云南增值税普通发票

5300178432０　　教学专用

No 39224030　　5300183322　75825078

校验码 47003 25798 01324 01104

开票日期：2020年12月02日

购买方	名　称：昆明卓锦商贸有限公司 纳税人识别号：112233445566M 地 址、电 话：昆明市五华区中山路251号　0871-6666666 开户行及账号：中国银行昆明市中山路支行　1340376×××3				密码区	-842626 824/<-3-3> 2>5/-3*0<<787-8 996+--8*/*889+-013-/-5-/<08+3>3+++* ++*33443-**>-305381*3<>+70<+38*->- -+536**//+*89+-013-/-5--74*7484389	
货物或应税劳务名称	规格型号	单位	数 量	单 价	金　额	税率	税　额
*体育服务*订球场		项	1	1,165.0500000	1,165.05	3%	34.95
合　计					¥1,165.05		¥34.95
价税合计（大写）	⊗ 壹仟贰佰元整				（小写）¥1,200.00		
销货单位	名　称：天河区健将体育中心 纳税人识别号：9144069000000× 地 址、电 话：昆明市天河区体育中心一号　0871-110099 开户行及账号：中国农业银行昆明分行　1354300×××9				备注		

收款人：王韵　　复核：林希　　开票人：文棋　　销货单位：（章）

天河区健将体育中心 11223300000X 发票专用章

税总函[2017]号 xxxxxxxxxx 公司

第二联：发票联 购买方记账凭证

业务 2	12 月 3 日	采购部王翔报销业务招待费 1,300 元	费用报销单、餐饮费普通发票

附件 2－1：

费 用 报 销 单

现金付讫

部门 采购部　　　　报销日期 2020 年 12 月 03 日

费 用 项 目	票据张数	金额（元）	备注
业务招待费	1	1,300.00	
报 销 金 额 合 计		1,300.00	
金额（大写） 零 拾 零 万 壹 仟 叁 佰 零 拾 零 元 零 角 零 分　¥1,300.00			

单位负责人：张璟　　验收或证明人：杨健　　部门负责人：　　财务：肖敏　　报销人：王翔

附件 2－2：

云南增值税普通发票

53001735320　　№ 39225030

教学专用　　5300183332 29825030

校验码 47003 25798 12324 01104　　开票日期：2020年12月03日

购买方	名　　称：昆明卓锦商贸有限公司 纳税人识别号：112233445566M 地 址、电 话：云南省昆明市五华区中山路251号　0871-6666666 开户行及账号：中国银行昆明市中山路支行　1340376×××3	密码区	79+ 55/5 /<-3-3> 2>5/-3*0<<782587- *2-00+583+*233+-013-/-5-4/<048+3>3 ++*33443-**>-3045381*3<>+70<+38*-> 687340>03+*89+-013-/-5--74*7484389

货物或应税劳务名称	规格型号	单位	数量	单价	金额	税率	税额
*服务费*餐费			1	1,262.1359223	1,262.14	3%	37.86
合　　计					¥1,262.14		¥37.86
价税合计（大写）	⊗ 壹仟叁佰元整				（小写）¥1,300.00		

销货单位	名　　称：昆明君爱酒店有限公司 纳税人识别号：91441424MA564CM3E 地 址、电 话：云南省昆明市五华区洪化桥34号 13575577777 开户行及账号：工商银行昆明市青云路支行 62122 62502 90056 1234	备注	

收款人：罗嘉　　复核：鲍正　　开票人：郑月　　销货单位：（章）

（印章：昆明君爱酒店有限公司 123456789 发票专用章）

税总函［2017］号 xxxxxxxxx 公司

第二联：发票联 购买方记账凭证

业务 3	12 月 4 日	从北京七星购进货物一批，价税合计 745,000 元，已入库	发票、随货通行的销售单、入库单

附件 3－1：

北京增值税专用发票

53001784320　　教学专用　　№ 39224030　　5300183322　29825030

校验码 47003 25798 01324 01104

开票日期：2020年12月04日

税总函［2017］号 xxxxxxxxxx 公司

购买方	名　　称：昆明卓锦商贸有限公司 纳税人识别号：112233445566M 地 址、电 话：昆明市五华区中山路251号　0871-6666666 开户行及账号：中国银行昆明市中山路支行 1340376×××3	密码区	79+ 55/5 /<-3-3> 2>5/-3*0<<787-678 *2-00+883+*89+-013-/-5-/<08+3>3356 ++*33443-**>-305381*3<>+70<+38*->3 687340>03+*89+-013-/-5--74*7484389

货物或应税劳务名称	规格型号	单位	数量	单价	金额	税率	税额
*家用清洁电器具*七星洗衣机	WX002K	台	90	3,097.3451327	278,761.06	13%	36,238.94
*家用制冷电器具*七星电冰箱	DB002E	台	80	2,743.3628318584	219,469.0265	13%	28,530.97345
*家用制冷电器具*七星电冰箱	DB013K	台	40	4,026.548673	161,061.95	13%	20,938.05
合　计					¥659,292.04		¥85,707.96
价税合计（大写）	⊗ 柒拾肆万伍仟元整				（小写）¥745,000.00		

销货单位	名　　称：北京七星电子有限公司 纳税人识别号：915300001234567891 地 址、电 话：北京市××区××路102号　010-××××××1 开户行及账号：中国银行北京市××路支行　123456789	备注	北京七星电子有限公司 123456789 发票专用章

收款人：马丽　　复核：肖甜甜　　开票人：张丽萍　　销货单位：（章）

第三联：发票联 购买方记账凭证

附件 3－2：

北京七星电子有限公司

销 售 单

地址：北京市××区××路102号　　NO：1106362

电话：010-××××××1

客户名称：昆明卓锦商贸有限公司

地址电话：昆明市五华区中山路251号　0871-6666666　　日期：2020年12月04日

编码	产品名称	规格	单位	单价	数量	金额	备注
	七星洗衣机	WX002K	台	3,500.00	90.00	315,000.00	
	七星电冰箱	DB002E	台	3,100.00	80.00	248,000.00	
	七星电冰箱	DB013K	台	4,550.00	40.00	182,000.00	
合计	人民币（大写）：柒拾肆万伍仟元整					¥745,000.00	

客户联

销售经理：　　会计：　　经办人：　　仓管：　　签收人：杨健

附件 3 –3：

入 库 单

2020年 12 月 04 日　　供应商：北京七星电子有限公司　　NO.　********

编码	品名	型号、规格	单位	数量	单价	金额	附注
	七星洗衣机	WX002K	台	90	3,097.35	278,761.06	
	七星电冰箱	DB002E	台	80	2,743.36	219,469.03	
	七星电冰箱	DB013K	台	40	4,026.55	161,061.95	
采购员：王翔	验货员：	负责人：	仓管员：杨健		合计	￥659,292.04	

第二联 财务联

注：第一联存根，第二联财务，第三联仓库

业务 4	12 月 5 日	向广南县万辉电器城销售货物一批，价税款合计 492,000 元	发票、销售单

附件 4 –1：

云南增值税专用发票

53001784320　　教学专用　　№ 39224030　　5300183322　29825030

此联不作报销、扣税凭证使用

校验码 47003 25798 01324 01104　　开票日期：2020年12月05日

购买方	名　　称：广南县万辉电器城 纳税人识别号：915300001234567896 地 址、电 话：云南省广南县××路33号　1380××××××4 开户行及账号：富滇银行广南县××路支行　123456789	密码区	79+ 55/5 /<-3-3> 2>5/-3*0<<787-123 *2-00+883+*89+-013-/-5-/<08+3>3124 ++*33443-**>-305381*3<>+70<+38*->7 687340>03+*89+-013-/-5--74*7484389

货物或应税劳务名称	规格型号	单位	数量	单价	金额	税率	税额
*家用清洁电器具*七星洗衣机	WX001K	台	60	5,132.7433628	307,964.6018	13%	40,035.40
*家用制冷电器具*七星电冰箱	DB012M	台	30	4,247.78761061946	127,433.63	13%	16,566.37
合　计					¥435,398.23		¥56,601.77
价税合计（大写）	⊗ 肆拾玖万贰仟元整				（小写）¥492,000.00		

销货单位	名　　称：昆明卓锦商贸有限公司 纳税人识别号：112233445566M 地 址、电 话：云南省昆明市五华区中山路251号　0871-6666666 开户行及账号：中国银行昆明市中山路支行 1340376×××3	备注	

收款人：唐丽　　复核：肖敏　　开票人：唐丽　　销货单位：（章）

税总函 [2017] 号 xxxxxxxxxx 公司

第一联：记账联 销售方记账凭证

附件 4－2：

昆明卓锦商贸有限公司

销售单

地址：昆明市五华区中山路251号　　NO：1106362

电话：0871-6666666

客户名称：广南县万辉电器城

地址电话：云南省广南县××路33号　1380××××××4　　日期：2020年11月05日

编码	产品名称	规格	单位	单价	数量	金额	备注
	七星洗衣机	WX001K	台	5,800.00	60.00	348,000.00	
	七星电冰箱	DB012M	台	4,800.00	30.00	144,000.00	
合计	人民币（大写）：肆拾玖万贰仟元整					¥492,000.00	

会计联

销售经理：杨海峰　　会计：肖敏　　经办人：杨海峰　　仓管：杨健　　签收人：

业务 5	12 月 6 日	收到委托代销物品：美晶牌吸尘器 10 台	委托代销协议（略）、入库单

备注：受托代销商品为美晶牌吸尘器 10 台，每台吸尘器价税合计为 1,200 元，代销方式为收取代销手续费方式，代销手续费标准为商品不含税销售收入的 10%，代销费用每月结算 1 次。

附件 5：

入　库　单

2020年　12　月　06　日　供应商：北京美晶电器有限公司　　NO.　52457896

编码		品名		型号、规格	单位	数量	单价	金额	附注
		美晶牌吸尘器		GDF145	台	10	1,200.00	12,000.00	受托销售
采购员	王翔	验货员		负责人	仓管员	杨健	合计	¥ 12,000.00	

第二联　财务联

注：第一联存根，第二联财务，第三联仓库

业务6	12月7日	支付北京七星电子货款745,000元	付款申请单、银行回单

附件6－1：

银行付讫

付款申请单

收款单位	北京七星电子有限公司	申请时间	2020年12月07日
付款事由	支付货款		
付款方式	☑电汇　□现金　□支票　□汇票		
付款金额	¥745,000.00	（大写）	人民币柒拾肆万伍仟元整
开户行	中国银行北京市××路支行	银行账号	123456789
备注	支付货款		

申请人：王翔　　财务：肖敏　　总经理审批：张璟

附件6－2：

国内支付业务付款回单

教学专用

客户名：393175963　　日期：2020年12月07日

收款人账号：123456789　　付款人账号：1340376×××3

收款人名称：北京七星电子有限公司　　付款人名称：昆明卓锦商贸有限公司

收款人开户银行：中国银行北京市XX路支行　　付款人开户行：中国银行昆明市中山路支行

金额：CNY745,000.00

人民币柒拾肆万伍仟元整

报文种类：beps.121.001.01-客户发起普通贷记业务报文

业务类型：A100-普通汇兑　　收支申报号：

业务标识号：2020042438365921　　业务编号：

发起行行号：123456789012　　接收行行号：123456789012

发起行名称：中国银行昆明市中山路支行　　接收行名称：中国银行北京市××路支行

入账账号：123456789　　入账户名：北京七星电子有限公司

用途：

附言：支付货款

打印时间：2020-12-31 09:45:10　　打印次数：1

中国银行股份有限公司 昆明市中山路支行 业务专用章 11GUEN44 WU4JGNIN

业务7	12月8日	向昆明大兴销售一批货物，价税合计766,000元	发票、销售单

附件7－1：

云南增值税专用发票

№ 39224030

53001784320

教学专用

此联不作报销、扣税凭证使用

5300183322
29825030

校验码 47003 25798 01324 01104

开票日期：2020年12月08日

税总函[2017]号 xxxxxxxxxx 公司

购买方	名　　称：昆明大兴电器有限公司 纳税人识别号：915300001234567893 地 址、电 话：昆明市××区××路112号 1380××××××1 开户行及账号：中国银行昆明市××路支行 123456789	密码区	79+ 55/5 /<-3-3> 2>5/-3*0<<787-123 *2-00+883+*89+-013-/-5-/<08+3>3124 ++*33443-**>-305381*3<>+70<+38*->7 687340>03+*89+-013-/-5--74*7484389

货物或应税劳务名称	规格型号	单位	数量	单价	金额	税率	税额
*家用清洁电器具*七星洗衣机	WX002K	台	60	4,778.7610619469	286,725.66	13%	37,274.34
*家用制冷器具*七星电冰箱	DB002E	台	60	4,778.761062	286,725.66	13%	37,274.34
*家用制冷器具*七星电冰箱	DB013K	台	20	5,221.238938	104,424.78	13%	13,575.22
合计					¥677,876.10		¥88,123.90
价税合计（大写）	⊗柒拾陆万陆仟元整				（小写）¥766,000.00		

销货单位	名　　称：昆明卓锦商贸有限公司 纳税人识别号：112233445566M 地 址、电 话：云南省昆明市五华区中山路251号 0871-6666666 开户行及账号：中国银行昆明市中山路支行 1340376×××3	备注	昆明卓锦商贸有限公司 112233445566M 发票专用章

收款人：唐丽　　复核：肖敏　　开票人：唐丽　　销货单位：（章）

第一联：记账联　销售方记账凭证

附件7－2：

昆明卓锦商贸有限公司

销售单

地址：昆明市五华区中山路251号

电话：0871-6666666

NO：1106362

客户名称：昆明大兴电器有限公司

地址电话：昆明市××区××路112号 1380××××××1

日期：2020年12月08日

编码	产品名称	规格	单位	单价	数量	金额	备注
	七星洗衣机	WX002K	台	5,400.00	60.00	324,000.00	
	七星电冰箱	DB002E	台	5,400.00	60.00	324,000.00	
	七星电冰箱	DB013K	台	5,900.00	20.00	118,000.00	
合计	人民币（大写）：柒拾陆万陆仟元整					¥ 766,000.00	

会计联

销售经理：杨海峰　　会计：肖敏　　经办人：杨海峰　　仓管：杨健　　签收人：

业务 8	12 月 8 日	缴纳 11 月份增值税、附加税、购销印花税	增值税、附加税、印花税银行回单、缴款凭证

附件 8－1：

教学专用

国内支付业务付款回单

客户号：393181559　　日期：2020年12月08日

付款人账号：1340376×××3　　收款人账号：

付款人名称：昆明卓锦商贸有限公司　　收款人名称：国家金库五华区支库

付款人开户行：中国银行昆明市中山路支行　　收款人开户行：

金额：CNY

业务种类：实时缴税　　业务编号：21266060　　凭证字号：2020040754888239

纳税人识别号：112233445566M　　缴款书交易流水号：54888239　税票号码：353016200400055764

纳税人全称：昆明卓锦商贸有限公司

征收机关名称：国家税务总局昆明市五华区税务局

收款国库（银行）名称：国家金库五华区支库

税（费）种名称	所属日期	实缴金额
增值税	2020/11/01-2020/11/30	CNY

交易机构：15818　　交易渠道：其他　　交易流水号：106967289-414

回单编号：2020040713156732　回单验证码：242N3ATHNEWK

打印时间：2020-12-30 09:45:09　　打印次数：1

附件 8－2：

教学专用

中国银行电子缴税凭证

转账日期：2020年12月08日　　凭证字号：20200407544888246

纳税人全称及纳税人识别号：昆明卓锦商贸有限公司 112233445566M

付款人全称：昆明卓锦商贸有限公司

付款人账号：1340376×××3

付款人开户银行：中国银行昆明市中山路支行　　收款国库（银行）名称：国家金库五华区支库

小写（合计）金额：¥　　缴款书交易流水号：54888239

大写（合计）金额：　　税票号码：35301620040066864

税（费）名称	所属日期	实缴金额
增值税	2020/11/01-2020/11/30	

第二联　作付款回单（无银行收讫章无效）　　复核　　记账

打印时间：2020-12-30 09：45:07

附件 8－3：

国内支付业务付款回单

客户号 ：393181559　　日期 ：2020年12月08日

付款人账号：1340376×××3　　收款人账号：

付款人名称：昆明卓锦商贸有限公司　　收款人名称：国家金库五华区支库

付款人开户行：中国银行昆明市中山路支行　　收款人开户行：

金额：CNY

业务种类:实时缴税　　业务编号：21266060　　凭证字号：2020040754888239

纳税人识别号:112233445566M　　缴款书交易流水号：54888239 税票号码：353016200400055764

纳税人全称:昆明卓锦商贸有限公司

征收机关名称:国家税务总局昆明市五华区税务局

收款国库（银行）名称：国家金库五华区支库

税（费）种名称	所属日期	实缴金额
城市建设维护税	2020/11/01-2020/11/30	CNY
教育费附加	2020/11/01-2020/11/30	CNY
地方教育费附加	2020/11/01-2020/11/30	CNY

交易机构：15818　　交易渠道：其他　　交易流水号：106967289-414

回单编号：2020040713156732　回单验证码：242N3ATHNEWK

打印时间：2020-12-30 09:45:09　　打印次数：1

附件 8－4：

中国银行电子缴税凭证

转账日期：2020年12月08日　　凭证字号：20200407544888246

纳税人全称及纳税人识别号：昆明卓锦商贸有限公司
112233445566M

付款人全称：昆明卓锦商贸有限公司

付款人账号：1340376×××3

付款人开户银行：中国银行昆明市中山路支行　　收款国库（银行）名称：国家金库五华区支库

小写（合计）金额：¥　　缴款书交易流水号：54888246

大写（合计）金额：　　税票号码：35301620040055751

税（费）名称	所属日期	实缴金额
城市建设税	2020/11/01 -20	CNY
教育费附加	2020/11/01 -20	CNY
地方教育费附加	2020/11/01 -20	CNY

第二联　作付款回单（无银行收讫章无效）复核　　记账

打印时间：2020-12-30 09：45:07

附件 8－5：

教学专用

国内支付业务付款回单

客户号 ：393181559　　日期 ：2020年12月08日

付款人账号：1340376×××3　　收款人账号：

付款人名称：昆明卓锦商贸有限公司　　收款人名称：国家金库五华区支库

付款人开户行：中国银行昆明市中山路支行　　收款人开户行：

金额：CNY

业务种类:实时缴税　　业务编号：21266060　　凭证字号：2020040754888239

纳税人识别号:112233445566M　　缴款书交易流水号：54888239　税票号码：353016200400055764

纳税人全称:昆明卓锦商贸有限公司

征收机关名称:国家税务总局昆明市五华区税务局

收款国库（银行）名称：国家金库五华区支库

税（费）种名称	所属日期	实缴金额
增值税	2020/11/01-2020/11/30	CNY

交易机构：15818　　交易渠道：其他　　交易流水号：106967289-414

回单编号：2020040713156732　回单验证码：242N3ATHNEWK

打印时间：2020-12-30 09:45:09　　打印次数：1

附件 8－6：

中国银行电子缴税凭证

转账日期：2020年12月08日　　凭证字号：20200407544888246

纳税人全称及纳税人识别号：昆明卓锦商贸有限公司
112233445566M

付款人全称：昆明卓锦商贸有限公司

付款人账号：1340376×××3

付款人开户银行：中国银行昆明市中山路支行　　收款国库（银行）名称：国家金库五华区支库

小写（合计）金额：¥　　缴款书交易流水号：54888246

大写（合计）金额：　　税票号码：35301620040055751

税（费）名称	所属日期	实缴金额
印花税	2020/11/01-2020/11/30	CNY

第二联　作付款回单（无银行收讫章无效）　　复核　　记账

打印时间：2020-12-30 09：45:07

业务 9	12 月 9 日	支付 11 月份工资 58,870.8 元、代扣社保 3,080 元、代扣公积金 1,400 元、代扣个税 349.2 元	工资表、银行回单（工资）、银行回单（个税）、银行缴税凭证（个税）

附件 9－1：

2020年11月昆明卓锦商贸有限公司工资表

姓名	职务	部门	基本工资	加班费	考勤扣款	工资总额	代扣个人社保	代扣个人公积金	代扣个税	实发工资	签名
张璟	总经理	总经办	15,000	1,500	0	16,500	440	200	145.8	15,914.2	
刘芸	办公室主任	总经办	13,000	1,000	0	14,000	440	200	190.8	13,369.2	
王翔	部门经理	采购部	3,800	500	0	4,300	440	200	0	3,860	
杨健	仓库管理员	仓储部	3,800	600	0	4,400	440	200	0	3,960	
肖敏	会计、部门负责人	财务部	5,500	500	0	6,000	440	200	0	5,560	
唐丽	出纳	财务部	5,000	500	0	5,500	440	200	0	5,060	
	管理人员小计		46,100	4,600	0	50,700	2640	1,200	336.6	47,723.4	
杨海峰	部门经理	销售部	12,000	1,000	0	13,000	440	200	12.6	12,547.4	
	销售人员小计		12,000	1,000	0	13,000	440	200	12.6	12,547.4	
	合计		58,100	5,600	0	63,700	3,080	1,400	349.2	58,870.8	

总经理：张璟　　财务审核：肖敏　　制单：唐丽

附件 9－2：

国内支付业务付款回单

教学专用

客户名：393181559　　日期：2020年12月06日

收款人账号：　　付款人账号：1340376×××3

收款人名称：批量代发工资　　付款人名称：昆明卓锦商贸有限公司

收款人开户银行：　　付款人开户行：中国银行昆明市中山路支行

金额：CNY58,870.80

人民币伍万捌仟捌佰柒拾元捌角整

报文种类：beps.121.001.01-客户发起普通贷记业务报文

业务类型：A100-普通汇兑　　收支申报号：

业务标识号：2020042438365921　　业务编号：

发起行行号：105731003182　　接收行行号：

发起行名称：中国银行昆明市中山路支行　　接收行名称：

入账账号：　　入账户名：

用途：批量代发工资

附言：

打印时间：2020-12-31　09:45:10　　打印次数：1

中国银行股份有限公司 昆明市中山路支行 业务专用章 11GUEN44 WU4JGNIN

附件 9-3：

教学专用

中国银行电子缴税凭证

转账日期：2020年12月06日　　凭证字号：20200407544888246

纳税人全称及纳税人识别号：昆明卓锦商贸有限公司
112233445566M

付款人全称：昆明卓锦商贸有限公司

付款人账号：1340376×××3

付款人开户银行：中国银行昆明市中山路支行　　收款国库（银行）名称：国家金库五华区支库

小写（合计）金额：¥ 349.20　　缴款书交易流水号：54888239

大写（合计）金额：叁佰肆拾玖元贰角整　　税票号码：35301620040066864

税（费）名称	所属日期	实缴金额
个人所得税	2020/11/01-2020/11/30	¥ 349.20

第二联　作付款回单（无银行收讫章无效）　　复核　　记账

打印时间：2020-12-31 09：45:07

附件 9-4：

教学专用

国内支付业务付款回单

客户号 ：393181559　　日期 ：2020年12月06日

付款人账号：1340376×××3　　收款人账号：

付款人名称：昆明卓锦商贸有限公司　　收款人名称：国家金库五华区支库

付款人开户行：中国银行昆明市中山路支行　　收款人开户行：

金额：CNY349.20

人民币叁佰肆拾玖元贰角整

业务种类:实时缴税　　业务编号：21266047　　凭证字号：20200407548345239

纳税人识别号:112233445566M　　缴款书交易流水号：54888239　税票号码：353016200456755764

纳税人全称:昆明卓锦商贸有限公司

征收机关名称:国家税务总局昆明市五华区税务局

收款国库（银行）名称：国家金库五华区支库

税（费）种名称	所属日期	实缴金额
个人所得税	2020/11/01-2020/11/30	CNY349.20

交易机构：15818　　交易渠道：其他　　交易流水号：106967289-987

回单编号：2020040713156732　回单验证码：242N3ATHNEWK

打印时间：2020-12- 31　14:45:09　　打印次数：1

业务 10	12 月 10 日	计提并缴纳当月社保费 12,404 元、公积金 2,800 元	社保和公积金明细表、住房公积金缴存进账单、银行收款回单——住房公积金、付款回单——医疗保险、付款回单——养老保险、付款回单——失业保险、缴款凭证——医疗保险生育保险、缴款凭证——养老保险工伤保险、缴款凭证——失业保险

附件 10－1：

社保和公积金费明细表

部门	姓名	税款所属期	社保基数	养老保险费		医疗保险费		失业保险费		工伤保险费	生育保险	公司承担部分小计	个人承担部分小计	合计	住房公积金	
				单位（20%）	个人（8%）	单位（10%）	个人（2%）	单位（2%）	个人（1%）	单位（0.5%）	单位（0.8%）				个人（5%）	单位（5%）
总经办	张璟	2020-11	4,000	800	320	400	80	80	40	20	32	1,332	440	1,772	200	200
	刘芸	2020-11	4,000	800	320	400	80	80	40	20	32	1,332	440	1,772	200	200
采购部	王翔	2020-11	4,000	800	320	400	80	80	40	20	32	1,332	440	1,772	200	200
仓储部	杨健	2020-11	4,000	800	320	400	80	80	40	20	32	1,332	440	1772	200	200
财务部	肖敏	2020-11	4,000	800	320	400	80	80	40	20	32	1,332	440	1,772	200	200
	唐丽	2020-11	4,000	800	320	400	80	80	40	20	32	1,332	440	1,772	200	200
管理人员小计			24,000	4800	1,920	2,400	480	480	240	120	192	7,992	2640	10,632	1,200	1,200
销售部	杨海峰	2020-11	4,000	800	320	400	80	80	40	20	32	1,332	440	1,772	200	200
销售人员小计			4,000	800	320	400	80	80	40	20	32	1,332	440	1,772	200	200
合计			56,000	5,600	2,240	2,800	560	560	280	140	224	9,324	3080	12,404	1,400	1,400

附件 10－2：

教学专用

国内支付业务付款回单

客户名：393182559　　日期：2020年12月10日

收款人账号：456789123666　　付款人账号：1340376×××3

收款人名称：昆明市住房公积金管理中心××管理部　　付款人名称：昆明卓锦商贸有限公司

收款人开户银行：中国工商银行五华区支行　　付款人开户行：中国银行昆明市中山路支行

金额：CNY2,800.00
人民币贰仟捌佰元整

报文种类：beps.121.001.01-客户发起普通贷记业务报文

业务类型：A100-普通汇兑　　收支申报号：

业务标识号：2020042438365921　　业务编号：

发起行行号：105731003182　　接收行行号：104731007026

发起行名称：中国银行昆明市中山路支行　　接收行名称：中国工商银行五华区支行

入账账号：456789123666　　入账户名：昆明市住房公积金管理中心××管理部

用途：

附言：住房公积金

打印时间：2020-12-31 09:45:10　　打印次数：1

附件 10－3：

教学专用

昆明市住房公积金缴存进账单

登记号：2020153288426				2020年12月10日	
流水号：59962					
缴存单位	全称	昆明卓锦商贸有限公司	收款人	全称	昆明市住房公积金管理中心××管理部
	公积金账号	564123425		账号	456789123666
	开户行	中国银行昆明市中山路支行		开户行	中国工商银行五华区支行
缴存金额（大写）：贰仟捌佰元整			小写：¥ 2,800.00		
缴存起始日期	202012		缴存截止日期	202012	
付款账户	1340376XXX3		昆明卓锦商贸有限公司		
缴存银行	456789123666		中国工商银行五华区支行		

附件 10－4：

国内支付业务付款回单

教学专用

客户号：393181569　　日期：2020 年12月10日

付款人账号：1340376×××3　　收款人账号：

付款人名称：昆明卓锦商贸有限公司　　收款人名称：国家金库五华区支库

付款人开户行：中国银行昆明市中山路支行　　收款人开户行：

金额：CNY840.00

人民币捌佰肆拾元整

业务种类：实时缴税　　业务编号：21238681　　凭证字号：2020040754869377

纳税人识别号：112233445566M　　缴款书交易流水号：54869377　　税票号码：453016200405923147

纳税人全称：昆明卓锦商贸有限公司

征收机关名称：国家税务总局昆明市五华区税局

收款国库(银行）名称：国家金库五华区支库

税（费）种名称：	所属日期	实缴金额
社会保险基金收入（失业保险）	2020-12-01至2020-12-31	CNY840.00

交易机构：15818　　交易渠道：其他　　交易流水号：90012030 -420

回单编号：2020040712686524　　回单验证码：242N3AQAPGJE

打印时间：2020 -12 -31 09：45:09　　打印次数：1

附件 10－5：

教学专用

国家税务总局云南省税务局电子缴款凭证

社会信用代码：	112233445566M		银行账号：1340376×××3	
纳税人名称：	昆明卓锦商贸有限公司		缴款日期：2020-12-10	
打印日期：	2020/12/30		凭证编号：453016200405983147	
征收项目	征收品目	社保属性	所属时期	实缴金额
社会保险基金	失业保险费	个人	2020-12-01至2020-12-30	280
社会保险基金	失业保险费	单位	2020-12-01至2020-12-30	560
金额合计	（大写）捌佰肆拾元整			¥840
本缴款凭证仅作为纳税人记账核算凭证使用，电子缴纳的，需与银行对账单电子划缴记录核对一致有效。纳税人如需汇总开具正式完税证明，请凭税务登记证或身份证明到主管税务机关开具。				

附件 10－6：

教学专用

国内支付业务付款回单

客户号：393181559　　　　日期：　2020 年12 月10 日

付款人账号：134037609973　　　　收款人账号：

付款人名称：昆明卓锦商贸有限公司　　　　收款人名称：国家金库五华区支库

付款人开户行：中国银行昆明市中山路支行　　　　收款人开户行：

金额：CNY3,584.00

人民币叁仟伍佰捌拾肆元整

业务种类：实时缴税　　业务编号：21236750　　凭证字号：2020040754871204

纳税人识别号：530102563157108　　缴款书交易流水号：54871204　　税票号码：453016200405921008

纳税人全称：昆明卓锦商贸有限公司

征收机关名称：国家税务总局昆明市五华区税局

收款国库(银行）名称：国家金库五华区支库

税（费）种名称：	所属日期	实缴金额
社会保险基金收入（医疗保险）	2020-12-01至2020-12-31	CNY3,584.00

交易机构：15818　　交易渠道：其他　　交易流水号：88927081 －421

打印时间：2020-12-31　09:45:08　　打印次数：1

附件 10－7：

教学专用

国家税务总局云南省税务局电子缴款凭证

社会信用代码：	112233445566M		银行账号：1340376×××3	
纳税人名称：	昆明卓锦商贸有限公司		缴款日期：2020-12-10	
打印日期：	2020/12/31		凭证编号：453016200406921008	
征收项目	征收品目	社保属性	所属时期	实缴金额
社会保险基金	生育保险	单位	2020-12-01至2020-12-31	224
社会保险基金	特重病	个人	2020-12-01至2020-12-31	7
社会保险基金	特重病	单位	2020-12-01至2020-12-31	35
社会保险基金	基本医疗保险费	个人	2020-12-01至2020-12-31	553
社会保险基金	基本医疗保险费	单位	2020-12-01至2020-12-31	2,765
金额合计	（大写）叁仟伍佰捌拾肆元整			¥3,584
本缴款凭证仅作为纳税人记账核算凭证使用，电子缴纳的，需与银行对账单电子划缴记录核对一致有效。纳税人如需汇总开具正式完税证明，请凭税务登记证或身份证明到主管税务机关开具。				

附件 10－8：

国内支付业务付款回单

教学专用

客户号：393181559 日期：2020 年12 月10 日

付款人账号：134037609973

收款人账号：

付款人名称：昆明卓锦商贸有限公司

收款人名称：国家金库五华区支库

付款人开户行：中国银行昆明市中山路支行

收款人开户行：

金额：CNY7,980.00

人民币柒仟玖佰捌拾元整

业务种类：实时缴税 业务编号：21262109 凭证字号：2020040754878687

纳税人识别号：112233445566M 缴款书交易流水号：54878687 税票号码：453016200405922831

纳税人全称：昆明卓锦商贸有限公司

征收机关名称：国家税务总局昆明市五华区税局

收款国库(银行）名称：国家金库五华区支库

税（费）种名称：	所属日期	实缴金额
社会保险基金收入（养老保险 工伤保险）	2020-12-01至2020-12-31	CNY7,980.00

交易机构：15818 交易渠道：其他 交易流水号：88927081 -421

打印时间：2020-12-31 09:45:09 打印次数：1

附件 10－9：

教学专用

国家税务总局云南省税务局电子缴款凭证

社会信用代码：	112233445566M		银行账号：1340376×××3	
纳税人名称：	昆明卓锦商贸有限公司		缴款日期：2020-12-10	
打印日期：	2020/12/31		凭证编号：453016200405922531	
征收项目	征收品目	社保属性	所属时期	实缴金额
社会保险基金	工伤保险费（养保）	单位	2020-12-01至2020-12-31	140
社会保险基金	企业职工基本养老保险费	个人	2020-12-01至2020-12-31	2,240
社会保险基金	企业职工基本养老保险费	单位	2020-12-01至2020-12-31	5,600
金额合计	（大写）柒仟玖佰捌拾元整			￥7,980
本缴款凭证仅作为纳税人记账核算凭证使用，电子缴纳的，需与银行对账单电子划缴记录核对一致有效。纳税人如需汇总开具正式完税证明，请凭税务登记证或身份证明到主管税务机关开具。				

业务 11	12 月 11 日	收到广南万辉货款，价税合计 492,000 元	收款回单

附件 11：

教学专用

国内支付业务付款回单

客户名：393181559　　日期：2020年12月11日

收款人账号：1340376×××3　　付款人账号：123456789

收款人名称：昆明卓锦商贸有限公司　　付款人名称：广南县万辉电器城

收款人开户银行：中国银行昆明市中山路支行　　付款人开户行：富滇银行广南县××路支行

金额：CNY492,000.00

人民币肆拾玖万贰仟元整

报文种类：beps.121.001.01-客户发起普通贷记业务报文

业务类型：A100-普通汇兑　　收支申报号：

业务标识号：2020042438365921　　业务编号：

发起行行号：123456789012　　接收行行号：123456789012

发起行名称：富滇银行广南县××路支行　　接收行名称：中国银行昆明市中山路支行

入账账号：1340376×××3　　入账户名：昆明卓锦商贸有限公司

用途：

附言：支付货款

打印时间：2020-12-31 09:45:10　　打印次数：1

中国银行股份有限公司 昆明市中山路支行 业务专用章 11GUEN44 WU4JGNIN

业务 12	12 月 11 日	库存盘点，盘亏彩电 1 台，盘盈冰箱 1 台	库存盘点表、处理意见书

附件 12－1：

库存商品盘点表

部门：仓储部门　仓库名称：主仓库　盘点人：肖敏、杨健　盘点日期：2020/12/11

序号	商品名称	规格型号	单位	单价	账面		实盘		账实	盘盈		盘亏	
					数量	金额	数量	金额	相符	数量	金额	数量	金额
1	七星电冰箱	DB001M	台		6.0	–	7.0	–	×	1	–		
2	长信彩电	CD003A	台		11.0	–	10.0	–	×			1	4,850.00
3	七星洗衣机	WX001K	台		5.0	–	5.0	–	√				
	（以下略）												

附件 12－2：

昆明卓锦商贸有限公司商品盈亏处理报告（摘要）

处理时间：2020年12月12日
发生时间：2020年12月11日
1：存货盈亏
原因：仓库管理员管理不善造成
处理方式：损失由仓库管理员个人承担
处理金额：￥4,580.00
2：存货盘盈
原因：发货时少发1台
处理方式：补发客户1台

（印章：昆明卓锦商贸有限公司 112233445566M）

申请人：肖敏　　　　批准：张璟

业务 13	12 月 12 日	双 12 促销：特定商品八折销售	发票（折扣）、销售单、银行收款回单（略）

附件 13－1：

云南增值税专用发票

此联不作报销、抵扣凭证使用

53001784320　教学专用

№ 39224030　5300183322　29825030

校验码 47003 25798 01324 01104

开票日期：2020年12月12日

税总函 [2017] 号 xxxxxxxxx 公司

购买方		密码区
名　　称：昆明大兴电器有限公司 纳税人识别号：915300001234567893 地 址、电 话：昆明市××区××路112号　1380××××××1 开户行及账号：中国银行昆明市××路支行　123456789		79+ 55/5 /<-3-3> 2>5/-3*0<<787-123 *2-00+883+*89+-013-/-5-/<08+3>3124 ++*33443-**>-305381*3<>+70<+38*->7 687340>03+*89+-013-/-5--74*7484389

货物或应税劳务名称	规格型号	单位	数量	单价	金额	税率	税额
*家用清洁电器具*七星洗衣机	WX001K	台	10	4,601.7699115	46,017.7	13%	5,982.3
*家用清洁电器具*七星洗衣机	WX001K				-9,203.54	13%	-1,196.4602
*家用制冷电器具*七星电冰箱	DB001M	台	10	2,212.38938053097	22,123.89	13%	2,876.11
*家用制冷电器具*七星电冰箱	DB001M				-4,424.778	13%	-575.22114
合　计					¥54,513.27		¥7,086.73
价税合计（大写）	⊗陆万壹仟陆佰元整				（小写）¥61,600.00		

销货单位	备注
名　　称：昆明卓锦商贸有限公司 纳税人识别号：112233445566M 地 址、电 话：云南省昆明市五华区中山路251号　0871-6666666 开户行及账号：中国银行昆明市中山路支行　1340376×××3	（印章：昆明卓锦商贸有限公司 112233445566M 发票专用章）

收款人：唐丽　　复核：肖敏　　开票人：唐丽　　销货单位：（章）

第一联：记账联　销售方记账凭证

附件 13－2：

销　货　单

NO:00258910

收货单位：昆明大兴电器有限公司

地址：昆明市××区××路112号　　日期：2020年12月12日

编号	品名	规格	单位	数量	单价	金额	备注
	七星洗衣机	WX001K	台	10	5,200.00	52,000.00	单价为含税单价
	七星电冰箱	DB001M	台	10	2,500.00	25,000.00	
	折扣					–15,400.00	
合计							
合计金额（大写）	人民币（大写）：陆万壹仟陆佰元整　（小写）¥ 61,600.00						

财务入账联

会计：肖敏　　仓管：杨健　　交货人：杨海峰　　制单：

业务 14	12 月 13 日	报销公司购买洗发水给员工发福利费用 910 元	发票、费用报销单、福利分配表

附件 14－1：

费　用　报　销　单　　现金付讫

部门 办公室　　报销日期 2020 年 12 月 13 日

费用项目	票据张数	金额（元）	备注
员工福利物资购买费	1	910.00	
报销金额合计		910.00	
金额（大写）零 拾 零 万 零 仟 玖 佰 壹 拾 零 元 零 角 零 分　¥ 910.00			

单位负责人：张璟　　验收或证明人：王翔　　部门负责人：　　财务：肖敏　　报销人：刘芸

附件 14－2：

云南增值税普通发票

53001735320　教学专用

No 39224030

5300183322
29825030

校验码 47003 25798 12324 01104

开票日期：2020年12月13日

购买方	名　　称：昆明卓锦商贸有限公司 纳税人识别号：1122333445566M 地址、电话：云南省昆明市五华区中山路251号　0871-6666666 开户行及账号：中国银行昆明市中山路支行　1340376×××3	密码区	79+ 55/5 /<-3-3> 2>5/-3*0<<756587- *2-00+883+*44+-0213-/-5-/<08+355>3 ++*33443-**>-305381*3<>+70<+338*-> 687340>03+*89+-013-/-5--74*7484389

货物或应税劳务名称	规格型号	单位	数量	单价	金额	税率	税额
*美容护肤品*洗发水		瓶	7	58.2524272	407.77	3%	12.23
*美容护肤品*护发素		瓶	7	67.9611650	475.73	3%	14.27
合　　计					¥883.50		¥26.50
价税合计（大写）	⊗玖佰壹拾元整				（小写）¥910.00		

销货单位	名　　称：昆明屈臣氏个人用品商店有限公司青年路分店 纳税人识别号：91441374MA5696CM3E 地址、电话：云南省昆明市五华区青年路432号新世界百货213　0871-63635979 开户行及账号：中国工商银行昆明市青年路路支行　62480 62321 78906 1234	备注	

收款人：王勇　　复核：农晶　　开票人：罗敏　　销货单位：（章）

税总函［2017］号 xxxxxxxxx 公司

第二联：发票联　购买方记账凭证

附件 14－3：

昆明卓锦商贸有限公司福利用品分配表

2020年12月13日

归属费用	部门	姓名	物品	数量	金额
管理费用	总经办	张璟	洗护套装	1	¥130.00
		刘芸	洗护套装	1	¥130.00
	采购部	王翔	洗护套装	1	¥130.00
	仓储部	杨健	洗护套装	1	¥130.00
	财务部	肖敏	洗护套装	1	¥130.00
		唐丽	洗护套装	1	¥130.00
销售费用	销售部	杨海峰	洗护套装	1	¥130.00

业务 15	12 月 14 日	从成都长信购进货物一批，价税合计 1,376,000 元，商品尚未达到	采购发票

附件 15：

四川增值税专用发票

5300178432O 教学专用

No 39224030

5300183322
29825030

校验码 47003 25798 01324 01104

开票日期：2020年12月14日

税总函[2017]号 xxxxxxxxxx 公司

购买方	名　　称：昆明卓锦商贸有限公司 纳税人识别号：112233445566M 地 址、电 话：昆明市五华区中山路251号 0871-6666666 开户行及账号：中国银行昆明市中山路支行 1340376×××3	密码区	79+ 55/5 /<-3-3> 2>5/-3*0<<787-575 *2-00+883+*89+-013-/-5-/<08+3>3869 ++*33443-**>-305381*3<>+70<+38*->9 687340>03+*89+-013-/-5--74*7484389

货物或应税劳务名称	规格型号	单位	数量	单价	金额	税率	税额
*家用音视频设备*长信彩电	CD002A	台	90	4,247.7876106	382,300.88	13%	49,699.11
*家用音视频设备*长信彩电	CD123M	台	80	5,309.7345132743	424,778.76	13%	55,221.24
*家用音视频设备*长信彩电	CD015M	台	80	5,132.743363	410,619.47	13%	53,380.53
合　计					¥1,217,699.12		¥158,300.88
价税合计（大写）	⊗壹佰叁拾柒万陆仟元整				（小写）¥1,376,000.00		

销货单位	名　　称：成都长信科技股份公司 纳税人识别号：915300001234567892 地 址、电 话：成都市××区××路86号 028-×××××2 开户行及账号：中国银行成都市××路支行 123456789	备注	

收款人：　　复核：　　开票人：　　销货单位：（章）

第三联：发票联 购买方记账凭证

（印章：成都长信科技股份公司 123456789 发票专用章）

业务 16	12 月 16 日	向昆明大湾酒店销售货物一批，价税合计 282,000 元	发票、销售单

附件 16－1：

云南增值税专用发票

5300178432O 教学专用

此联不作报销、扣税凭证使用

No 39224030

5300183322

校验码 47003 25798 01324 01104

开票日期：2020年12月16日

税总函[2017]号 xxxxxxxxxx 公司

购买方	名　　称：昆明大湾酒店有限公司 纳税人识别号：915300001234567894 地 址、电 话：昆明市××区××路31号 1380×××××2 开户行及账号：工商银行昆明市××路支行 123456789	密码区	79+ 55/5 /<-3-3> 2>5/-3*0<<787-123 *2-00+883+*89+-013-/-5-/<08+3>3124 ++*33443-**>-305381*3<>+70<+38*->7 687340>03+*89+-013-/-5--74*7484389

货物或应税劳务名称	规格型号	单位	数量	单价	金额	税率	税额
*家用清洁电器具*七星洗衣机	WX002K	台	20	4,601.76991150442	92,035.4	13%	11,964.602
*家用清洁电器具*七星洗衣机	WX012K	台	20	5,486.7256637168	109,734.51	13%	14,265.49
*家用制冷器具*七星电冰箱	DB002E	台	10	4,778.761062	47,787.61	13%	6,212.39
合　计					¥249,557.52		¥32,442.48
价税合计（大写）	⊗贰拾捌万贰仟元整				（小写）¥282,000.00		

销货单位	名　　称：昆明卓锦商贸有限公司 纳税人识别号：112233445566M 地 址、电 话：云南省昆明市五华区中山路251号 0871-6666666 开户行及账号：中国银行昆明市中山路支行 1340376×××3	备注	

收款人：唐丽　　复核：肖敏　　开票人：唐丽　　销货单位：（章）

第一联：记账联 销售方记账凭证

（印章：昆明卓锦商贸有限公司 112233445566M 发票专用章）

附件 16－2：

昆明卓锦商贸有限公司

销 售 单

地址：昆明市五华区中山路251号

电话：0871-6666666

NO：1106362

客户名称：昆明大湾酒店有限公司

地址电话：昆明市××区××路31号　1380××××××2

日期：2020年12月16日

编码	产品名称	规格	单位	单价	数量	金额	备注
	七星洗衣机	WX002K	台	5,200.00	20.00	104,000.00	
	七星洗衣机	WX012K	台	6,200.00	20.00	124,000.00	
	七星电冰箱	DB002E	台	5,400.00	10.00	54,000.00	
合计	人民币（大写）：　贰拾捌万贰仟元整					￥282,000.00	

会计联

销售经理：杨海峰　　会计：肖敏　　经办人：杨海峰　　仓管：杨健　　签收人：

业务 17	12 月 18 日	采购部报销本月运费 3,620.7 元	支付审批单、运费发票

附件 17－1：

付款申请单

银行付讫

收款单位	昆明项羽物流有限公司	申请时间	2020 年 12 月 18 日
付款事由	支付运费		
付款方式	☑电汇　☐现金　☐支票　☐汇票		
付款金额	¥3,620.70	（大写）	叁仟陆佰贰拾元柒角整
开户行	中国工商银行昆明青西街支行	银行账号	1554329XXX6
备注	支付货款		

申请人：王翔　　财务：肖敏　　总经理审批：张璟

附件 17－2：

云南增值税专用发票

53001784320　　教学专用　　№ 39224030　　5300183322　29825030

校验码 47003 25798 01324 01104　　开票日期：2020年12月18日

购买方	名　　称：昆明卓锦商贸有限公司 纳税人识别号：112233445566M 地 址、电 话：昆明市五华区中山路251号　0871-6666666 开户行及账号：中国银行昆明市中山路支行　1340376×××3	密码区	*****++4412 /<-3-3> 2>5/-3*0<<787-8 894+++*/15*889+-013-/-5-/<08+3>3+++* +85148+--56>-305381*3<>+70<+38*->- -+5340>03+*89+-013-/-5--74*7484389

货物或应税劳务名称	规格型号	单位	数量	单价	金额	税率	税额
*运输服务*运输费			1	3,321.7400000	3,321.74	9%	298.96
合　计					¥3,321.74		¥298.96
价税合计（大写）	⊗ 叁仟陆佰贰拾元柒角整				（小写）¥3,620.70		

销货单位	名　　称：昆明项羽物流有限公司 纳税人识别号：661144998910× 地 址、电 话：云南省昆明市盘龙区青西街547号　0871-069741 开户行及账号：中国工商银行昆明青西街支行　1554329×××6	备注	起运点：昆明 到达地：广南 车种车号：云A15678 运输货物信息：电器

收款人：王星　　复核：林西　　开票人：刘宣　　销货单位：（章）

税总函[2017]号 xxxxxxxxx 公司

第三联：发票联 购买方记账凭证

昆明项羽物流有限公司　11223378941M　发票专用章

业务 18	12 月 19 日	收到 12 月 8 日昆明大兴货款 827,600 元	收款回单

附件 18：

国内支付业务收款回单

教学专用

客户名：393181559　　日期：2020年12月19日

收款人账号：1340376×××3　　付款人账号：123456789

收款人名称：昆明卓锦商贸有限公司　　付款人名称：昆明大兴电器有限公司

收款人开户银行：中国银行昆明市中山路支行　　付款人开户行：中国银行昆明市××路支行

金额：CNY827,600.00

人民币捌拾贰万柒仟陆佰元整

报文种类：beps.121.001.01-客户发起普通贷记业务报文

业务类型：A100-普通汇兑　　收支申报号：

业务标识号：2020042438365921　　业务编号：

发起行行号：123456789012　　接收行行号：123456789012

发起行名称：中国银行昆明市××路支行　　接收行名称：中国银行昆明市中山路支行

入账账号：1340376×××3　　入账户名：昆明卓锦商贸有限公司

用途：

附言：支付货款

打印时间：2020-12-31 09:45:10　　打印次数：1

中国银行股份有限公司　昆明市中山路支行　业务专用章　11GUEN44　WU4JGNIN

业务 19	12 月 20 日	12 月 14 日购入的长信彩电到货	销售单、入库单

附件 19 －1：

成都长信科技股份公司

销 售 单

地址：成都市××区××路86号　　NO：1106362

电话：028-××××××2

客户名称：昆明卓锦商贸有限公司

地址电话：昆明市五华区中山路251号　0871-6666666　　日期：2020年12月19日

编码	产品名称	规格	单位	单价	数量	金额	备注
	长信彩电	CD002A	台	4,800.00	90.00	432,000.00	
	长信彩电	CD123M	台	6,000.00	80.00	480,000.00	
	长信彩电	CD015M	台	5,800.00	80.00	464,000.00	
合计	人民币（大写）：壹佰叁拾柒万陆仟元整					¥1,376,000.00	

客户联

销售经理：　会计：　经办人：　仓管：　签收人：

附件 19 －2：

入　库　单

2020年 12 月 19 日　供应商：成都长信科技股份公司　NO.　********

编码	品名	型号、规格	单位	数量	单价	金额	附注
	长信彩电	CD002A	台	90	4,247.79	382,300.88	
	长信彩电	CD123M	台	80	5,309.73	424,778.76	
	长信彩电	CD015M	台	80	5,132.74	410,619.47	
采购员	验货员	负责人	仓管员	杨健	合计	¥ 1,217,699.12	

第二联　财务联

注：第一联存根，第二联财务，第三联仓库

业务 20	12 月 23 日	收到 12 月 16 日昆明大湾货款 282,000 万元	收款回单

附件 20：

国内支付业务收款回单

教学专用

客户名：393181559　　　　日期：2020年12月23日

收款人账号：1340376×××3　　　　付款人账号：123456789

收款人名称：昆明卓锦商贸有限公司　　　　付款人名称：昆明大湾酒店有限公司

收款人开户银行：中国银行昆明市中山路支行　　　　付款人开户行：工商银行昆明市××路支行

金额：CNY282,000.00

人民币贰拾捌万贰仟元整

报文种类：beps.121.001.01-客户发起普通贷记业务报文

业务类型：A100-普通汇兑　　　　收支申报号：

业务标识号：2020042438365921　　　　业务编号：

发起行行号：123456789012　　　　接收行行号：123456789012

发起行名称：工商银行昆明市××路支行　　　　接收行名称：中国银行昆明市中山路支行

入账账号：1340376×××3　　　　入账户名：昆明卓锦商贸有限公司

用途：

附言：支付货款

打印时间：2020-12-31 09:45:10　　　　打印次数：1

中国银行股份有限公司 昆明市中山路支行 业务专用章 11GUEN44 WU4JGNIN

业务 21	12 月 24 日	从成都长信科技购进货物一批，价税合计 908,000 元	发票、随货通行的销售单、入库单

附件 21－1：

四川增值税专用发票

53001784320　　教学专用　　№ 39224030　5300183322　29825030

校验码 47003 25798 01324 01104　　开票日期：2020年12月24日

税总函[2017]号xxxxxxxxxx公司

购买方：
名　　称：昆明卓锦商贸有限公司
纳税人识别号：112233445566M
地 址、电 话：昆明市五华区中山路251号　0871-6666666
开户行及账号：中国银行昆明市中山路支行 1340376×××3

密码区：
79+ 55/5 /<-3-3> 2>5/-3*0<<787-575
*2-00+883+*89+-013-/-5-/<08+3>3869
++*33443-**>-305381*3<>+70<+38*->9
687340>03+*89+-013-/-5--74*7484389

货物或应税劳务名称	规格型号	单位	数量	单价	金额	税率	税额
*家用音视频设备*长信彩电	CD001K	台	80	3,274.3362832	261,946.9	13%	34,053.1
*家用音视频设备*长信彩电	CD003A	台	40	4,778.7610619469	191,150.44	13%	24,849.56
*家用音视频设备*长信彩电	CD016A	台	60	5,840.707965	350,442.48	13%	45,557.52
合　计					¥803,539.82		¥104,460.18
价税合计（大写）	⊗ 玖拾万捌仟元整				（小写）¥908,000.00		

销货单位：
名　　称：成都长信科技股份公司
纳税人识别号：915300001234567892
地 址、电 话：成都市××区××路86号　028-××××××2
开户行及账号：中国银行成都市××路支行　123456789

备注：

收款人：黎明君　　复核：李圆圆　　开票人：　　销货单位：（章）

成都长信科技股份公司 123456789 发票专用章

第三联：发票联 购买方记账凭证

附件 21－2：

成都长信科技股份公司

销 售 单

地址：成都市××区××路86号　　NO：1106362

电话：028－××××××2

客户名称：昆明卓锦商贸有限公司

地址电话：昆明市五华区中山路251号　0871－6666666　　日期：2020年12月24日

编码	产品名称	规格	单位	单价	数量	金额	备注
	长信彩电	CD001K	台	3,700.00	80.00	296,000.00	
	长信彩电	CD003A	台	5,400.00	40.00	216,000.00	
	长信彩电	CD016A	台	6,600.00	60.00	396,000.00	
合计	人民币（大写）：玖拾万捌仟元整					¥908,000.00	

客户联

销售经理：赵光明　会计：李微　经办人：刘筱宇　仓管：　签收人：

附件 21－3：

入　库　单

2020年12月24日　　供应商：成都长信科技股份公司　　NO.　********

编码	品名	型号、规格	单位	数量	单价	金额	附注
	长信彩电	CD001K	台	40	3,274.34	130,973.45	
	长信彩电	CD003A	台	20	4,778.76	95,575.22	
	长信彩电	CD016A	台	35	5,840.71	204,424.78	
采购员	验货员	负责人	仓管员	杨健	合计	¥430,973.45	

第二联　财务联

注：第一联存根，第二联财务，第三联仓库

业务22	12月27日	向大理佳佳销售货物一批，价税合计1,150,000元	发票、销售单

附件22－1：

云南增值税专用发票

5300178432O

教学专用

此联不作报销、扣税凭证使用

№ 39224030

5300183322

29825030

校验码 47003 25798 01324 01104

开票日期：2020年12月27日

购买方	名　　称：大理市佳佳百货商场有限责任公司 纳税人识别号：915300001234567898 地址、电话：云南省大理市××路23号 1380××××××4 开户行及账号：交通银行大理市××路支行 123456789	密码区	79+ 55/5 /<-3-3> 2>5/-3*0<<787-566 *2-00+883+*89+-013-/-5-/<08+3>3356 ++*33443-**>-305381*3<>+70<+38*->3 687340>03+*89+-013-/-5--74*7484389

货物或应税劳务名称	规格型号	单位	数量	单价	金额	税率	税额
*家用音视频设备*长信彩电	CD002A	台	80	4,247.787611	339,823.0	13%	44,176.99
*家用音视频设备*长信彩电	CD123M	台	60	5,309.734513	318,584.1	13%	41,415.93
*家用音视频设备*长信彩电	CD015M	台	70	5,132.743363	359,292.0	13%	46,707.96
合　　计					¥1,017,699.12		¥132,300.88
价税合计（大写）	⊗壹佰壹拾伍万元整				（小写）¥1,150,000.00		

销货单位	名　　称：昆明卓锦商贸有限公司 纳税人识别号：11223345566M 地址、电话：云南省昆明市五华区中山路251号 0871-6666666 开户行及账号：中国银行昆明市中山路支行 1340376×××3	备注	昆明卓锦商贸有限公司 11223345566M 发票专用章

收款人：唐丽　　复核：肖敏　　开票人：唐丽　　销货单位：（章）

税总函[2017]号 xxxxxxxxxx 公司

第一联：记账联　销售方记账凭证

附件22－2：

昆明卓锦商贸有限公司

销售单

地址：昆明市五华区中山路251号

电话：0871-6666666

NO：1106362

客户名称：大理市佳佳百货商场有限责任公司

地址电话：云南省大理市××路23号　1380××××××6

日期：2020年12月27日

编码	产品名称	规格	单位	单价	数量	金额	备注
	长信彩电	CD002A	台	4,800.00	80.00	384,000.00	
	长信彩电	CD123M	台	6,000.00	60.00	360,000.00	
	长信彩电	CD015M	台	5,800.00	70.00	406,000.00	
合计	人民币（大写）：壹佰壹拾伍万元整					¥1,150,000.00	

会计联

销售经理：杨海峰　　会计：肖敏　　经办人：杨海峰　　仓管：杨健　　签收人：

业务 23	12 月 28 日	收到 12 月 20 日大理佳佳货款 1,150,000 元	收款回单

附件 23：

国内支付业务收款回单

教学专用

客户名：393181559　　日期：2020年12月28日

收款人账号：1340376×××3　　付款人账号：123456789

收款人名称：昆明卓锦商贸有限公司　　付款人名称：大理市佳佳百货商场有限责任公司

收款人开户银行：中国银行昆明市中山路支行　　付款人开户行：交通银行大理市××路支行

金额：CNY1,150,000.00

人民币壹佰壹拾伍万元整

报文种类：beps.121.001.01 –客户发起普通贷记业务报文

业务类型：A100–普通汇兑　　收支申报号：

业务标识号：2020042438365921　　业务编号：

发起行行号：123456789012　　接收行行号：123456789012

发起行名称：交通银行大理市××路支行　　接收行名称：中国银行昆明市中山路支行

入账账号：1340376×××3　　入账户名：昆明卓锦商贸有限公司

用途：

附言：支付货款

打印时间：2020–12–31 09:45:10　　打印次数：1

（印章：中国银行股份有限公司 昆明市中山路支行 业务专用章 11GUEN44 WU4JGNIN）

业务 24	12 月 28 日	销售代销产品 10 台，价税合计 12,000 元	销售单、发票、付款回单

附件 24 –1：

云南增值税专用发票

5300178432０　　No 39224030

教学专用　　此联不作报销、抵扣凭证使用　　5300183322　29825030

校验码 47003 25798 01324 01104　　开票日期：2020年12月28日

购买方	名　称：保山蓝鹰电器有限公司 纳税人识别号：915300001234567899 地 址、电 话：云南省保山市××路62号 1380××××××7 开户行及账号：广发银行保山市××路支行 123456789	密码区	79+ 55/5 /<-3-3> 2>5/-3*0<<787-123 *2-00+883+*89+-013-/-5-/<08+3>3123 ++*33443-**>-305381*3<>+70<+38*->1 687340>03+*89+-013-/-5--74*7484389

货物或应税劳务名称	规格型号	单位	数量	单价	金额	税率	税额
*家用清洁电器具*美晶牌吸尘器	GDF145	台	10	1,061.946902654860	10,619.47	13%	1,380.5311
合　计					¥10,619.47		¥1,380.53
价税合计（大写）	⊗ 壹万贰仟元整				（小写）¥12,000.00		

销货单位	名　称：昆明卓锦商贸有限公司 纳税人识别号：112233445566M 地 址、电 话：云南省昆明市五华区中山路251号 0871-6666666 开户行及账号：中国银行昆明市中山路支行 1340376×××3	备注	（印章：昆明卓锦商贸有限公司 112233445566M 发票专用章）

收款人：唐丽　　复核：肖敏　　开票人：唐丽　　销货单位：（章）

税总函［2017］号 xxxxxxxxx 公司

第一联：记账联 销售方记账凭证

附件 24－2：

昆明卓锦商贸有限公司

销售单

地址：昆明市五华区中山路251号　　NO：1106362

电话：0871-6666666

客户名称：保山蓝鹰电器有限公司

地址电话：云南省保山市××路62号　1380××××××7　　日期：2020年12月28日

编码	产品名称	规格	单位	单价	数量	金额	备注
	美晶牌吸尘器	GDF145	台	1,200.00	10.00	1,2000.00	
合计	人民币（大写）：壹万贰仟元整					¥ 12,000.00	

会计联

销售经理：杨海峰　　会计：肖敏　　经办人：杨海峰　　仓管：杨健　　签收人：

附件 24－3：

国内支付业务收款回单

教学专用

客户名：393187759　　日期：2020年12月28日

收款人账号：1340376×××3　　付款人账号：1340378×××1

收款人名称：昆明卓锦商贸有限公司　　付款人名称：保山蓝鹰电器有限公司

收款人开户银行：中国银行昆明市中山路支行　　付款人开户行：广发银行保山市××路支行

金额：CNY12,000.00

人民币壹万贰仟元整

报文种类：beps.121.001.01-客户发起普通贷记业务报文

业务类型：A100-普通汇兑　　收支申报号：

业务标识号：2020050638365921　　业务编号：

发起行行号：123456789012　　接收行行号：123456789012

发起行名称：广发银行保山市××路支行　　接收行名称：中国银行昆明市中山路支行

入账账号：53001234037051003224　　入账户名：昆明卓锦商贸有限公司

用途：

附言：商品货款

打印时间：2020-12-31 19:45:10　　打印次数：1

中国银行股份有限公司 昆明市中山路支行 业务专用章 11QUEN44 WU4JGNIN

业务 25	12 月 28 日	结算代销商品款	受托方销售汇总表、受托方手续费发票、付款回单、委托方发票

附件 25－1：

昆明卓锦商贸有限公司受托销售汇总表

日期：2020年12月28日

编号	品名	规格	单位	数量	单价	金额	备注
	美晶牌吸尘器	GDF145	台	10	1,200.00	12,000.00	
合计金额（大写）	壹万贰仟元整				（小写）	12,000.00	

附件 25－2：

云南增值税专用发票

53001784320

教学专用

此联不作报销、抵扣凭证

No 39224030

5300183322

29825030

校验码 47003 25798 01324 01104

开票日期：2020年12月28日

税总函［2017］号 xxxxxxxxx 公司

购买方：
- 名　　称：北京美晶电子有限公司
- 纳税人识别号：915300001234567886
- 地 址、电 话：北京市××区××路104号　010-××××××1
- 开户行及账号：中国银行北京市××路支行　123456789

密码区：
79+ 55/5 /<-3-3> 2>5/-3*0<<787-234
*2-00+883+*89+-013-/-5-/<08+3>3234
++*33443-**>-305381*3<>+70<+38*->6
687340>03+*89+-013-/-5--74*7484389

货物或应税劳务名称	规格型号	单位	数量	单价	金额	税率	税额
*经纪代理服务*代销手续费		项	1	1,001.84	1,001.84	6%	60.11
合　计					¥1,001.84		¥60.11
价税合计（大写）	⊗壹仟零陆拾壹元玖角伍分				（小写）¥1,061.95		

销货单位：
- 名　　称：昆明卓锦商贸有限公司
- 纳税人识别号：112233445566M
- 地 址、电 话：昆明市五华区中山路251号　0871-6666666
- 开户行及账号：中国银行昆明市中山路支行　1340376×××3

备注：（印章：昆明卓锦商贸有限公司 112233445566M 发票专用章）

第一联：记账联 销售方记账凭证

收款人：　　复核：张铭　　开票人：李丽　　销货单位：（章）

附件 25－3：

国内支付业务付款回单

教学专用

客户名：393187759　　日期：2020年12月29日

收款人账号：1340378×××1　　付款人账号：1340376×××3

收款人名称：北京美晶电器有限公司　　付款人名称：昆明卓锦商贸有限公司

收款人开户银行：中国银行北京市××路支行　　付款人开户行：中国银行昆明市中山路支行

金额：CNY10,938.05

人民币壹万零玖佰叁拾捌元零五分

报文种类：beps.121.001.01-客户发起普通贷记业务报文

业务类型：A100-普通汇兑　　收支申报号：

业务标识号：2020050638365921　　业务编号：

发起行行号：123456789012　　接收行行号：123456789012

发起行名称：中国银行昆明市中山路支行　　接收行名称：中国银行北京市××路支行

入账账号：123456789　　入账户名：北京美晶电器有限公司

用途：

附言：委托销售商品货款

打印时间：2020-12-31 19:45:10　　打印次数：1

（印章：中国银行股份有限公司 昆明市中山路支行 业务专用章 11GUEN44 WU4JGNIN）

附件 25－4：

北京增值税专用发票

№ 39224030

5300178432０

教学专用

5300183322
29825030

校验码 47003 25798 01324 01104

开票日期：2020年12月28日

购买方：
- 名　　称：昆明卓锦商贸有限公司
- 纳税人识别号：112233445566M
- 地 址、电 话：昆明市五华区中山路251号　0871-6666666
- 开户行及账号：中国银行昆明市中山路支行　1340376×××3

密码区：
79+ 55/5 /<-3-3> 2>5/-3*0<<787-234
*2-00+883+*89+-013-/-5-/<08+3>3234
++*33443-**>-305381*3<>+70<+38*->6
687340>03+*89+-013-/-5--74*7484389

货物或应税劳务名称	规格型号	单位	数量	单价	金额	税率	税额
*家用清洁电器具*美晶吸尘器	GDF145	台	10	1,061.9469027	10,619.47	13%	1,380.53
合　　计					¥10,619.47		¥1,380.53
价税合计（大写）	⊗ 壹万贰仟元整				（小写）¥12,000.00		

销货单位：
- 名　　称：北京美晶电器有限公司
- 纳税人识别号：915300001234567886
- 地 址、电 话：北京市××区××路104号　010-××××××1
- 开户行及账号：中国建设银行北京市××路支行　123456789

备注：

收款人：　　复核：　　开票人：　　销货单位：（章）

（印章：北京美晶电器有限公司 123456789 发票专用）

税总函［2017］号 xxxxxxxxxx 公司

第三联：发票联　购买方记账凭证

业务26	12月28日	现金缴纳环保局罚款300元	费用报销单、罚单

附件26－1：

费 用 报 销 单

现金付讫

部门 总经办　　　　报销日期 2020 年 12 月 28日

费用项目	票据张数	金额（元）	备注
缴纳环保罚款	1	300.00	
报销金额合计		300.00	
金额（大写）零 拾 零 万 零 仟 叁 佰 零 拾 零 元 零 角 零 分　¥300.00			

单位负责人：张璟　　验收或证明人：　　部门负责人：　　财务：肖敏　　报销人：刘芸

附件26－2：

政府非税收入票据

财政票据监制章 昆明市 财政部监制

国财 00102　　　　NO 0901833858

交款单位：昆明卓锦商贸有限公司　　　　2020年12月28日

收费项目名称	单位收费标准	数量	金额
罚款	300	1	300
合计金额（大写）叁佰元整			¥ 300.00

第二联：收据

昆明市环境保护局 非税收入专户

收费单位（印章）　　收款人（签章） 0718

业务 27	12 月 28 日	销售退货	退货入库单、增值税红字发票、银行付款回单

附件 27－1：

入 库 单

供应商：云南厚通科技有限公司　　2020年12月28日　　No 39224031

编号	品名	规格	单位	数量	单价	金额 百	十	万	千	百	十	元	角	分
1	七星洗衣机	WX012K	个	1	4,092.92				4	0	9	2	9	2
备注	退货				合计			¥	4	0	9	2	9	2

入账联

会计：肖敏　　保管：杨健　　交货人：　　制单：杨建

附件 27－2：

教学专用

云南增值税专用发票

5300178432O　　No 39224030

5300183322

29825030

机器编号：销项负数　　4700325798

此联不做报销、扣税凭证使用

开票日期：2020年12月28日

购买方	
名　　称	云南厚通科技有限公司
纳税人识别号	915300001234567890
地址、电话	昆明市××区××路18号 1380××××××8
开户行及账号	交通银行昆明市××路支行 123456789

密码区：

```
79+ 55/5 /<-3-3> 2>5/-3*0<<787-234
*2-00+883+*89+-013-/-5-/<08+3>3234
++*33443-**>-305381*3<>+70<+38*->6
687340>03+*89+-013-/-5--74*7484389
```

货物或应税劳务名称	规格型号	单位	数量	单价	金额	税率	税额
*家用清洁电器具*七星洗衣机	WX012K	台	1	-4,247.78	-4,247.78	13%	-552.22
合计					¥-4,247.78		¥-552.22
价税合计（大写）	⊗（负数）肆仟捌佰元整				（小写）¥-4,800.00		

销货单位	
名　　称	昆明卓锦商贸有限公司
纳税人识别号	112233445566M
地址、电话	昆明市五华区中山路251号 0871-6666666
开户行及账号	中国银行昆明市中山路支行 1340376×××3
备注	昆明卓锦商贸有限公司 112233445566M 发票专用章

收款人：　　复核：　　开票人：　　销货单位：（章）

税总函［2017］号 xxxxxxxxxx 公司

第一联：记账联 销售方记账凭证

附件 27 －3：

国内支付业务付款回单

教学专用

客户名：393187759　　日期：2020年12月28日

收款人账号：123456789　　付款人账号：1340376×××3

收款人名称：云南厚通科技有限公司　　付款人名称：昆明卓锦商贸有限公司

收款人开户银行：交通银行昆明市××路支行　　付款人开户行：中国银行昆明市中山路支行

金额：CNY4,800.00

人民币肆仟捌佰元整

报文种类：beps.121.001.01-客户发起普通贷记业务报文

业务类型：A100-普通汇兑　　收支申报号：

业务标识号：2020050638365921　　业务编号：

发起行行号：104731007026　　接收行行号：105731003182

发起行名称：中国银行昆明市中山路支行　　接收行名称：交通银行昆明市××路支行

入账账号：123456789　　入账户名：云南厚通科技有限公司

用途：

附言：退货款

打印时间：2020-12-31 19:45:10　　打印次数：1

中国银行股份有限公司 昆明市中山路支行 业务专用章 11GUEN44 WU4JGNIN

业务 28	12 月 29 日	向弥勒长隆销售货物一批，价税合计 696,000 元	发票、销售单

附件 28 －1：

云南增值税专用发票

53001784320　　No 39224435

5300183322

29825030

教学专用

此联不作报销、扣税凭证使用

校验码 47003 25798 01324 01104　　开票日期：2020年12月29日

税总函 [2017] 号 xxxxxxxxxx 公司

购买方：
名　　称：弥勒市长隆购物广场
纳税人识别号：915300001234567897
地 址、电 话：云南省弥勒市××路201号　1380××××××5
开户行及账号：中国银行弥勒市××路支行　123456789

密码区：
79+ 55/5 /<-3-3> 2>5/-3*0<<787-123
*2-00+883+*89+-013-/-5-/<08+3>3234
++*33443-**>-305381*3<>+70<+38*->2
687340>03+*89+-013-/-5--74*7484389

货物或应税劳务名称	规格型号	单位	数量	单价	金额	税率	税额
*家用音视频设备*长信彩电	CD001K	台	60	4,,778.76106194690	286,725.66	13%	37,274.34
*家用音视频设备*长信彩电	CD003A	台	60	5486.7256637168	329,203.54	13%	42,796.46
合　计					¥615,929.20		¥80,070.80
价税合计（大写）	⊗ 陆拾玖万陆仟元整				（小写）¥696,000.00		

销货单位：
名　　称：昆明卓锦商贸有限公司
纳税人识别号：112233445566M
地 址、电 话：云南省昆明市五华区中山路251号　0871-6666666
开户行及账号：中国银行昆明市中山路支行　1340376×××3

备注：

收款人：唐丽　　复核：肖敏　　开票人：唐丽　　销货单位：（章）

第一联：记账联 销售方记账凭证

附件 28 －2：

昆明卓锦商贸有限公司

销售单

地址：昆明市五华区中山路251号　　NO：1106362

电话：0871-6666666

客户名称：弥勒市长隆购物广场

地址电话：云南省弥勒市××路201号　1380××××××5　　日期：2020年12月29日

编码	产品名称	规格	单位	单价	数量	金额	备注
	长信彩电	CD001K	台	5,400.00	60.00	324,000.00	
	长信彩电	CD003A	台	6,200.00	60.00	372,000.00	
合计	人民币（大写）：陆拾玖万陆仟元整					¥ 696,000.00	

会计联

销售经理：杨海峰　会计：肖敏　经办人：杨海峰　仓管：杨健　签收人：

业务 29	12 月 29 日	向蒙自大兴销售货物一批，价税合计 9,240,000 元	发票、销售单

附件 29 －1：

云南增值税专用发票

5300178432O　　№ 39224030

教学专用　　此联不作报销、扣税凭证使用

5300183322

29825030

校验码 47003 25798 01324 01104　　开票日期：2020年12月29日

税总函 [2017] 号 xxxxxxxxxx 公司

购买方	名　称：蒙自大兴购物广场有限公司 纳税人识别号：915300001234567895 地址、电话：蒙自市××区××路21号　1380××××××3 开户行及账号：农业银行蒙自市××路支行　123456789	密码区	79+ 55/5 /<-3-3> 2>5/-3*0<<787-123 *2-00+883+*89+-013-/-5-/<08+3>3565 ++*33443-**>-305381*3<>+70<+38*->6 687340>03+*89+-013-/-5--74*7484389

货物或应税劳务名称	规格型号	单位	数量	单价	金额	税率	税额
*家用音视频设备*长信彩电	CD014E	台	70	4,601.7699115	322,123.89	13%	41,876.11
*家用音视频设备*长信彩电	CD016A	台	100	4,955.7522123894	495,575.22	13%	64,424.78
合　计					¥817,699.11		¥106,300.89
价税合计（大写）	⊗ 玖拾贰万肆仟元整				（小写）¥924,000.00		

销货单位	名　称：昆明卓锦商贸有限公司 纳税人识别号：112233445566M 地址、电话：云南省昆明市五华区中山路251号　0871-6666666 开户行及账号：中国银行昆明市中山路支行　1340376×××3	备注	昆明卓锦商贸有限公司 112233445566M 发票专用章

第一联：记账联　销售方记账凭证

收款人：唐丽　复核：肖敏　开票人：唐丽　销货单位：（章）

附件 29－2：

昆明卓锦商贸有限公司

销 售 单

地址：昆明市五华区中山路251号　　　NO：1106362

电话：0871-6666666

客户名称：蒙自大兴购物广场有限公司

地址电话：蒙自市××区××路21号　1380××××××3　　　日期：2020年12月29日

编码	产品名称	规格	单位	单价	数量	金额	备注
	长信彩电	CD014E	台	5,200.00	70.00	364,000.00	
	长信彩电	CD016A	台	5,600.00	100.00	560,000.00	
合计	人民币（大写）:玖拾贰万肆仟元整					¥ 924,000.00	

会计联

销售经理：杨海峰　　会计：肖敏　　经办人：杨海峰　　仓管：杨健　　签收人：

业务 30	12 月 29 日	收到弥勒长隆货款 696,000 元	收款回单

附件 30：

国内支付业务收款回单

教学专用

客户号：393181559　　　日期：2020年12月29日

收款人账号：1340376×××3　　　付款人账号：123456789

收款人名称：昆明卓锦商贸有限公司　　　付款人名称：弥勒市长隆购物广场

收款人开户银行：中国银行昆明市中山路支行　　　付款人开户行：中国银行弥勒市××路支行

金额：CNY696,000.00

人民币陆拾玖万陆仟元整

报文种类：beps.121.001.01-客户发起普通贷记业务报文

业务类型：A100-普通汇兑　　　收支申报号：

业务标识号：2020042438365921　　　业务编号：

发起行行号：123456789012　　　接收行行号：123456789012

发起行名称：中国银行弥勒市××路支行　　　接收行名称：中国银行昆明市中山路支行

入账账号：1340376×××3　　　入账户名：昆明卓锦商贸有限公司

用途：

附言：货款

打印时间：2020-12-31 09:45:10　　　打印次数：1

业务 31	12 月 30 日	收到蒙自大兴货款 924,000 元	收款回单

附件 31：

国内支付业务收款回单

教学专用

客户名：393175963　　日期：2020年12月30日

收款人账号：1340376×××3　　付款人账号：123456789

收款人名称：昆明卓锦商贸有限公司　　付款人名称：蒙自大兴购物广场有限公司

收款人开户银行：中国银行昆明市中山路支行　　付款人开户行：农业银行蒙自市××路支行

金额：CNY924,000.00

人民币玖拾贰万肆仟元整

报文种类：beps.121.001.01-客户发起普通贷记业务报文

业务类型：A100-普通汇兑　　收支申报号：

业务标识号：2020042438365921　　业务编号：

发起行行号：105731003182　　接收行行号：104731007026

发起行名称：农业银行蒙自市××路支行　　接收行名称：中国银行昆明市中山路支行

入账账号：1340376×××3　　入账户名：昆明卓锦商贸有限公司

用途：

附言：货款

打印时间：2020-10-31 09:45:10　　打印次数：1

中国银行股份有限公司 昆明市中山路支行 业务专用章 11GUEN44 WU4JGNIN

业务 32	12 月 30 日	银行扣短信服务费 12.5 元	客户付费回单

附件 32：

客户付费回单

客户号：393181559　　日期：2020年12月30日

付款人账号：1340376×××3

付款人名称：昆明卓锦商贸有限公司

付款人开户行：中国银行昆明市中山路支行

金额：CNY12.50

人民币壹拾贰元伍角整

业务种类：短信收费　　业务编号：

费用名称：对公短信服务费

附言：签约账号：1340376×××3

手机号个数	收费类型	费用账期	金额CNY12.50
1	自动扣缴	202012	

交易机构：15818

交易渠道：短信　　交易流水号：51032145-42

回单编号：2020123011097953　　回单验证码：242N3AM554XT

打印时间：2020-12-31 09:45:14　　打印次数：1

中国银行股份有限公司 昆明市中山路支行 业务专用章 11GUEN44 WU4JGNIN

业务 33	12 月 30 日	计提本月工资 61,700 元、计提社保 3,080 元、计提公积金 1,400 元、计提个税 516.6 元	工资单、12 月个税表

备注：企业从福利费中发放给职工的实物，如中秋节的月饼、端午节的粽子等非货币性集体福利应该按市场价、购买价或者其他价格折合成等额的货币额，并入职工当月的工资薪金一并计征个人所得税；因此，本月每人 130 元的福利用品费需要并入工资计算个税。

附件 33－1：

2020年12月昆明卓锦商贸有限公司工资表

姓名	职务	部门	基本工资	加班费	考勤扣款	工资总额	代扣个人社保	代扣个人公积金	代扣个税	实发工资	签名
张璟	总经理	总经办	15,000	800	0	15,800	440	200	218.7	14,941.3	
刘芸	办公室主任	总经办	13,000	500	50	13,450	440	200	178.2	12,631.8	
王翔	部门经理	采购部	3,800	500	0	4,300	440	200	0	3,660	
杨健	仓库管理员	仓储部	3,800	400	0	4,200	440	200	0	3,560	
肖敏	会计、部门负责人	财务部	5,500	500	0	6,000	440	200	0	5,360	
唐丽	出纳	财务部	5,000	500	50	5,450	440	200	0	4,810	
管理人员小计			46,100	3,200	100	49,200	2,640	1,200	396.9	44,963.1	
杨海峰	部门经理	销售部	12,000	500	0	12,500	440	200	119.7	11,740.3	
销售人员小计			12,000	500	0	12,500	440	200	119.7	11,740.3	
合计			58,100	3,700	100	61,700	3,080	1,400	516.6	56,703.4	

总经理：张璟　　财务审核：肖敏　　制单：唐丽

附件 33－2：

2020年12月个税计算表

部门	姓名	累计工资收入	累计福利收入	累计专项扣除	累计基本减除费用	累计专项附加扣除						累计预扣预缴应纳税所得额	适用税率	速算扣除	累计应预扣预缴税款	已预缴税款预扣	本期实际应预扣预缴税款额
						累计子女教育	累计住房贷款利息	累计住房租金	累计赡养老人	累计继续教育	合计						
总经办	张璟	57,700	130	1,920	25,000	10,000	0	0	5,000	0	15,000	15,910	3%	0	477.3	258.6	218.7
	刘芸	49,800	130	1,920	25,000	0	5,000	0	5,000	0	10,000	13,010	3%	0	390.3	212.1	178.2
采购部	王翔	19,700	130	1,920	25,000	0	5,000	0	10,000	0	15,000	0	0%	0	0	0	0
仓储部	杨健	19,700	130	1,920	25,000	0	0	0	0	0	0	0	0%	0	0	0	0
财务部	肖敏	25,800	130	1,920	25,000	10,000	0	0	0	5,000	15,000	0	0%	0	0	0	0
	唐丽	23,250	130	1,920	25,000	0	0	0	0	0	0	0	0%	0	0	0	0
管理人员合计		195,950	780	11,520	150,000	20,000	10,000	0	20,000	5,000	55,000	28,920			867.6	470.7	396.9
销售部	杨海峰	46,200	130	1,920	25,000	0	5,000	0	5,000	5,000	15,000	4,410	3%	0	132.3	12.6	119.7
销售人员合计		46,200	130	1,920	25,000	0	5,000	0	5,000	5,000	15,000	4,410			132.3	12.6	119.7
合计		242,150	910	13,440	175,000	20,000	15,000	0	25,000	10,000	70,000	33,330			999.9	483.3	516.6

总经办：张璟　　财务审核：肖敏　　制单：唐丽

备注：个税每月预缴，如有数据错误，可在下年初个税汇算时更正修改。

业务 34	12 月 30 日	结转本月销售成本	汇总出库单（略）、成本计算表

附件 34：

2020年12月销售产品成本计算表

编制单位：昆明卓锦商贸有限公司　　存货计算方法：月末一次加权法　　单位：元

商品编号	商品名称	规格	期初数量	单价	期初结存金额	本期购入数量	本期购入金额	本期发出数量	本期发出金额	期末结存数量	单价	期末结存金额
1												
2												
3												
4												
5												
6												
7												
8												
9												
10												
11												
12												
13												
14												
15												
	合计											

审核：　　　　制表：

业务35	12月30日	计提本月固定资产折旧885.32元	固定资产折旧明细表

附件35：

昆明卓锦商贸有限公司固定资产折旧明细表

编制单位：昆明卓锦商贸有限公司　　2020年12月31日　　单位：元

固定资产编号	固定资产名称	固定资产类别	使用部门	入账日期	可使用年限	购买原值	残值率	净残值	月折旧额	累计折旧	净值
A202008001	电脑	电子设备	销售部门	2020年8月	3年	5,309.73	5%	265.49	140.12	560.47	4749.26
A202008002	电脑	电子设备	总经办	2020年8月	3年	5,309.73	5%	265.49	140.12	560.47	4,749.26
A202008003	电脑	电子设备	总经办	2020年8月	3年	5,309.73	5%	265.49	140.12	560.48	4,749.25
A202008004	电脑	电子设备	总经办	2020年8月	3年	5,309.73	5%	265.49	140.12	560.48	4,749.25
A202008005	电脑	电子设备	总经办	2020年8月	3年	5,309.73	5%	265.49	140.12	560.48	4,749.25
A202009001	复印机	电子设备	总经办	2020年9月	3年	7,000.00	5%	350.00	184.72	554.17	6,445.83
	合计					33,548.65		1,677.43	885.32	3,356.55	30,192.10

审核：肖敏　　制表：唐丽

业务36	12月31日	本月无形资产摊销222.22元	无形资产摊销表

附件36：

无形资产摊销表

编制单位：昆明卓锦商贸有限公司　　日期：2020年12月31日　　单位：元

项目	摊销时段	摊销期间数/月	预付账款	月摊销金额	本月摊销额	累计摊销	净值
用友软件	2020年10月－2023年9月	36	8,000.00	222.22	222.22	666.67	7,333.33
合计			8,000.00	222.22	222.22	666.67	7,333.33

业务37	12月31日	长期费用摊销5,030.03元	长期费用摊销表

附件37：

长期费用摊销表

编制单位：昆明卓锦商贸有限公司　　日期：2020年12月31日　　单位：元

项目	摊销时段	摊销期间数/月	预付账款	月摊销金额	本月摊销额	累计摊销	净值
办公室装修费	2020年8月－2023年8月	36	100,000.00	2,777.78	2,777.78	13,888.89	86,111.11
租金	2020年8月－2021年8月	12	27,027.03	2,252.25	2,252.25	11,261.25	15,765.78
合计			127,027.03	5,030.03	5,030.03	25,150.14	101,876.9

业务 38	12 月 30 日	进项税认证与申报抵扣	进项税认证通知书、申报抵扣汇总表

附件 38 －1：

教学专用

认证结果通知书

昆明卓锦商贸有限公司：

你单位于　　年　　月报送的防伪税控系统开具的专用发票抵扣联共　　份。经过认证，认证相符的专用发票　份，税额　　元。现将认证相符的专用发票抵扣联退还给你单位，请查收。

请将认证相符专用发票抵扣联与本通知书一起装订成册，作为纳税检查的备查资料。

认证详细情况请见本通知书所附清单。

年　　月　　日

增值税专用发票认证结果清单（认证相符）

教学专用

所属期：　　年　　月

企业名称：昆明卓锦商贸有限公司　　纳税人识别号：112233445566M

序号	发票代码	发票号码	开票日期	销方名称	金额	税率	税额	认证结果	发票类型
1								认证相符	专用发票
2									
3									
4									
5									
6									
7									
8									
合计：									

制表人：　　制表时间：　年　月　日　接受人：　　接受时间：　年　月　日

附件 38 －2：

申报抵扣发票统计表

教学专用

报表更新时间：　　年　　月　　日

企业名称：昆明卓锦商贸有限公司

纳税人识别号：112233445566M　　认证月份：　　年　月　　单位（元）

发票类型	发票份数	金额	税额
增值税专用发票			
机动车销售统一发票			
通行费发票			
出口转内销发票			
海关缴款书			
出口转内销海关缴款书			
总计			

业务 39	12 月 31 日	结转本月未交增值税，计提附加税、印花税	附加税计提单、未交增值税计算表

附件 39 －1：

未交增值税计算表

昆明卓锦商贸有限公司　　2020年12月31日

项　　目	金　　额（元）
销项税额	
上期留抵进项税额	
本期进项税额	
进项税额转出	
本期可抵扣进项税额	
本期应交增值税额	

复核人：　　制表人：肖敏

附件 39 －2：

税金及附加计算表

编制日期：2020年12月30日　　单位：元

应交税费明细项目	计算依据	计税金额	税率	应纳税额	备注
应交城市维护建设税	增值税		7%		
应交教育费附加	增值税		3%		
应交地方教育费附加	增值税		2%		
印花税（购销合同）	购销金额合计		0.3‰		
合计					

复核人：　　制表人：肖敏

业务 40	12 月 31 日	计提第 4 季度企业所得税	企业所得税计提表

附件 40：

企业所得税计提表

所属日期：自2020年10月01日至2020年12月31日

项目	行次	金额
累计收入总额	1	
累计成本费用总额	2	
累计利润总额	3	
累计应纳税所得额	4	
适用税率	5	25%
应纳所得税额（6=4×5）	6	
已交税额	7	
本季度应缴税额（8=6-7）	8	

复核人：肖敏　　制表人：唐丽

业务 41	12 月 31 日	结转本年利润	无

【业务重点】

资产负债表、现金流量表的编制。

【训练要求】

填制记账凭证，登记明细账、总账。

【总结】

六、2021 年 1 月业务期账务处理

表 2 –9

业务编号	日期	摘要	凭证
业务 1	1 月 5 日	从成都长信科技股份有限公司购进货物一批，价税合计共 451,250 元，已入库	发票、随货通行的销售单、入库单
业务 2	1 月 6 日	向广南县万辉电器城销售货物一批，价税合计共 645,000 元	发票、销售单、出库单（略）
业务 3	1 月 8 日	支付 12 月份工资 56,703.4 元，代扣社保 3,080 元，代扣公积金 1,400 元，代扣个税 516.6 元	工资表、银行回单（发工资）、银行回单（个税）、银行缴款凭证（个税）
业务 4	1 月 9 日	支付成都长信科技股份有限公司货款 985,000 元	付款申请单、银行回单
业务 5	1 月 10 日	缴纳 2020 年 12 月增值税、附加税、印花税	增值税付款回单、附加税付款回单、印花税付款回单、增值税缴税凭证、附加税缴税凭证、印花税缴税凭证
业务 6	1 月 10 日	缴纳 2020 年第 4 季度企业所得税	企业所得税付款回单、企业所得税缴税凭证
业务 7	1 月 10 日	计提并缴纳当月社保费 12,404 元、公积金 2,800 元	社保和公积金明细表、住房公积金缴存进账单、缴款凭证——失业保险、缴款凭证——养老保险工伤保险、缴款凭证——医疗保险生育保险、付款回单——失业保险、付款回单——养老保险、付款回单——医疗保险、收款回单——住房公积金、
业务 8	1 月 11 日	收到广南县万辉电器城货款 645,000 元	银行回单
业务 9	1 月 18 日	提取 2020 年法定盈余公积金	法定盈余公积计算表
业务 10	1 月 18 日	股东分红	股东会决议（节选）
业务 11	1 月 18 日	计提 2020 年度年终奖	奖金发放表
业务 12	1 月 23 日	发放本年度年终奖金	银行回单
业务 13	1 月 20 日	对外捐赠 50,000 元	捐赠收据
业务 14	1 月 31 日	计提本月工资 73,000 元，计提社保 3,080 元，计提公积金 1,400 元，计提个税 872.4 元	工资单、个税计算表
业务 15	1 月 31 日	结转本月销售成本	汇总出库单（略）、成本计算表
业务 16	1 月 31 日	本月固定资产折旧 885.32 元	固定资产折旧明细表
业务 17	1 月 31 日	本月无形资产摊销 222.22 元	无形资产摊销表
业务 18	1 月 31 日	本月长期费用摊销 5,030.03 元	长期费用摊销表
业务 19	1 月 31 日	结转本月未交增值税、计提附加税、印花税	增值税结转单、附加税和印花税计提单

【原始凭证】

业务 1	1 月 5 日	从成都长信科技购进货物一批，价税合计 451,250 元，已入库	发票、随货通行的销售单、入库单

附件 1－1：

四川增值税专用发票

5300178432O

教学专用

校验码 47003 25798 01324 01104

No 39224030

5300183322
29825030

开票日期：2021年01月05日

购买方	名　　称：昆明卓锦商贸有限公司 纳税人识别号：112233445566M 地 址、电 话：昆明市五华区中山路251号　0871-6666666 开户行及账号：中国银行昆明市中山路支行 1340376×××3	密码区：79+ 55/5 /<-3-3> 2>5/-3*0<<787-689 *2-00+883+*89+-013-/-5-/<08+3>3088 ++*33443-**>-305381*3<>+70<+38*->9 687340>03+*89+-013-/-5--74*7484389

货物或应税劳务名称	规格型号	单位	数量	单价	金额	税率	税额
*家用音视频设备*长信彩电	CD001K	台	30	2,942.4778761	88,274.34	13%	11,475.66
*家用音视频设备*长信彩电	CD003A	台	40	4,292.0353982301	171,681.42	13%	22,318.58
*家用音视频设备*长信彩电	CD015M	台	30	4,646.017699	139,380.53	13%	18,119.47
合　计					¥399,336.29		¥51,913.71
价税合计（大写）	⊗ 肆拾伍万壹仟贰佰伍拾元整				（小写）¥451,250.00		

销货单位	名　　称：成都长信科技股份公司 纳税人识别号：915300001234567892 地 址、电 话：成都市××区××路86号　028-××××××2 开户行及账号：中国银行成都市××路支行　123456789	备注

收款人：　　复核：马强　　开票人：杨丽华　　销货单位：（章）

税总函[2017]号 xxxxxxxxx 公司

第三联：发票联 购买方记账凭证

成都长信科技股份公司 123456789 发票专用章

附件 1－2：

成都长信科技股份公司

销 售 单

地址：成都市××区××路86号

电话：028-××××××2

NO：1106362

客户名称：昆明卓锦商贸有限公司

地址电话：昆明市五华区中山路251号　0871-6666666

日期：2021年01月05日

编码	产品名称	规格	单位	单价	数量	金额	备注
	长信彩电	CD001K	台	3,325.00	30.00	99,750.00	
	长信彩电	CD003A	台	4,850.00	40.00	194,000.00	
	长信彩电	CD015M	台	5,250.00	30.00	157,500.00	
合计	人民币（大写）：肆拾伍万壹仟贰佰伍拾元整					¥451,250.00	

客户联

销售经理：马冬梅　　会计：　　经办人：　　仓管：钱舒　　签收人：杨建

附件 1－3：

入　库　单

2021年 01 月 05 日　　供应商：成都长信科技股份公司　　NO.　********

编码	品名	型号、规格	单位	数量	单价	金额	附注
	长信彩电	CD001K	台	30	2,942.48	88,274.34	
	长信彩电	CD003A	台	40	4,292.04	171,681.42	
	长信彩电	CD015M	台	30	4,646.02	139,380.53	
采购员 王翔	验货员	负责人	仓管员	杨健	合计	¥399,336.28	

第二联 财务联

注：第一联存根，第二联财务，第三联仓库

业务 2	1 月 6 日	向广南县万辉电器城销售货物一批，价税合计 645,000 元	发票、销售单、出库单（略）

附件 2－1：

云南增值税普通发票

5300178432０　　教学专用　　No 39224030　　5300183322　29825030

此联不做报销、扣税凭证使用

校验码 47003 25798 01324 01104　　开票日期：2020年01月06日

购买方	名　　称：广南县万辉电器城 纳税人识别号：915300001234567896 地 址、电 话：云南省广南县××路33号 1380××××××4 开户行及账号：富滇银行广南县××路支行 123456789			密码区	79+ 55/5 /<-3-3> 2>5/-3*0<<787-123 *2-00+883+*89+-013-/-5-/<08+3>3124 ++*33443-**>-305381*3<>+70<+38*->7 687340>03+*89+-013-/-5--74*7484389		
货物或应税劳务名称	规格型号	单位	数量	单价	金额	税率	税额
*家用音视频设备*长信彩电	CD001K	台	50	3,274.33628318584	16,3716.81	13%	21,283.19
*家用音视频设备*长信彩电	CD003A	台	50	4,778.76106194690	238,938.05	13%	31,061.9465
*家用音视频设备*长信彩电	CD015M	台	10	5,132.743363	51,327.43	13%	6,672.57
*家用音视频设备*长信彩电	CD016A	台	20	5,840.707965	116,814.16	13%	15,185.84
合　计					¥570,796.45		¥74,203.55
价税合计（大写）	⊗ 陆拾肆万伍仟元整				（小写）¥645,000.00		
销货单位	名　　称：昆明卓锦商贸有限公司 纳税人识别号：112233445566M 地 址、电 话：云南省昆明市五华区中山路251号 0871-6666666 开户行及账号：中国银行昆明市中山路支行 1340376×××3			备注	昆明卓锦商贸有限公司 112233445566M		

收款人：唐丽　　复核：肖敏　　开票人：唐丽　　销货单位：（章）

税总函 [2017] 号 xxxxxxxxxx 公司

第一联：记账联 销售方记账凭证

附件 2－2：

昆明卓锦商贸有限公司

销 售 单

地址：昆明市五华区中山路251号

电话：0871-6666666

NO：1106362

客户名称：广南县万辉电器城

地址电话：云南省广南县××路33号　1380××××××4

日期：2020年01月06日

编码	产品名称	规格	单位	单价	数量	金额	备注
	长信彩电	CD001K	台	3,700.00	50.00	185,000.00,	
	长信彩电	CD003A	台	5,400.00	50.00	270,000.00	
	长信彩电	CD015M	台	5,800.00	10.00	58,000.00	
	长信彩电	CD016A	台	6,600.00	20.00	132,000.00	
合计	人民币（大写）：陆拾肆万伍仟元整					¥645,000.00	

会计联

销售经理：杨海峰　会计：肖敏　经办人：杨海峰　仓管：杨健　签收人：

业务 3	1 月 8 日	支付 12 月份工资 56,703.4 元、代扣社保 3,080 元、代扣公积金 1,400 元、代扣个税 516.6 元	工资表、银行回单（发工资）、银行回单（个税）、银行缴款凭证（个税）

附件 3－1：

2020年12月昆明卓锦商贸有限公司工资表

姓名	职务	部门	基本工资	加班费	考勤扣款	工资总额	代扣个人社保	代扣个人公积金	代扣个税	实发工资	签名
张璟	总经理	总经办	15,000	800	0	15,800	440	200	218.7	14,941.3	
刘芸	办公室主任	总经办	13,000	500	50	13,450	440	200	178.2	12,631.8	
王翔	部门经理	采购部	3,800	500	0	4,300	440	200	0	3,660	
杨健	仓库管理员	仓储部	3,800	400	0	4,200	440	200	0	3,560	
肖敏	会计、部门负责人	财务部	5,500	500	0	6,000	440	200	0	5,360	
唐丽	出纳	财务部	5,000	500	50	5,450	440	200	0	4,810	
管理人员小计			46,100	3,200	100	49,200	2,640	1,200	396.9	44,963.1	
杨海峰	部门经理	销售部	12,000	500	0	12,500	440	200	119.7	11,740.3	
销售人员小计			12,000	500	0	12,500	440	200	119.7	11,740.3	
合计			58,100	3,700	100	61,700	3,080	1,400	516.6	56,703.4	

总经理：张璟　财务审核：肖敏　制单：唐丽

附件 3－2：

教学专用

国内支付业务付款回单

客户名：393181559　　日期：2021-1-08

收款人账号：　　付款人账号：1340376×××3

收款人名称：批量代发工资　　付款人名称：昆明卓锦商贸有限公司

收款人开户银行：　　付款人开户行：中国银行昆明市中山路支行

金额：CNY56,703.4

人民币伍万陆仟柒佰零拾叁元肆角整

报文种类：beps.121.001.01-客户发起普通贷记业务报文

业务类型：A100-普通汇兑　　收支申报号：

业务标识号：2020042438365921　　业务编号：

发起行行号：105731003182　　接收行行号：

发起行名称：中国银行昆明市中山路支行　　接收行名称：

入账账号：　　入账户名：

用途：　　批量代发工资

附言：

打印时间：2021-1-31　09:45:10　　打印次数：1

中国银行股份有限公司 昆明市中山路支行 业务专用章 11GUEN44 WU4JGNIN

附件 3－3：

教学专用

国内支付业务付款回单

客户号　：393181559　　日期：2021年1月08日

付款人账号：1340376×××3　　收款人账号：

付款人名称：昆明卓锦商贸有限公司　　收款人名称：国家金库五华区支库

付款人开户行：中国银行昆明市中山路支行　　收款人开户行：

金额：CNY516.6

人民币伍佰壹拾陆元陆角整

业务种类:实时缴税　　业务编号：21266060　　凭证字号：2020040754888239

纳税人识别号:112233445566M　　缴款书交易流水号：54888239　税票号码：353016200400055764

纳税人全称:昆明卓锦商贸有限公司

征收机关名称:国家税务总局昆明市五华区税务局

收款国库（银行）名称：国家金库五华区支库

税（费）种名称	所属日期	实缴金额
个人所得税	2020/12/01-2020/12/31	CNY516.6

交易机构：15818　　交易渠道：其他　　交易流水号：106967289-414

回单编号：2020040713156732　回单验证码：242N3ATHNEWK

打印时间：2021-1-31 14:45:09　　打印次数：1

附件 3－4：

教学专用

中国银行电子缴税凭证

转账日期：2021年01月08日　　凭证字号：202004075448887894

纳税人全称及纳税人识别号：昆明卓锦商贸有限公司
112233445566M

付款人全称：昆明卓锦商贸有限公司

付款人账号：1340376×××3

付款人开户银行：中国银行昆明市中山路支行　　收款国库（银行）名称：国家金库五华区支库

小写（合计）金额：¥ 516.6　　缴款书交易流水号：54888239

大写（合计）金额：伍佰壹拾陆元陆角整　　税票号码：35301620040066864

税（费）名称	所属日期	实缴金额
个人所得税	2020/12/01-2020/12/31	¥ 516.60

第二联　作付款回单（无银行收讫章无效）　复核　记账

打印时间：2021-01-31 09：45:07

业务 4	1 月 9 日	支付成都长信科技货款 985,000 元	付款申请单、银行回单

附件 4－1：

付款申请单

收款单位	成都长信科技股份有限公司		申请时间	2021 年 01 月 09 日
付款事由	支付货款			
付款方式	☑电汇　□现金　□支票　□汇票			
付款金额	¥985,000.00	（大写）	人民币玖拾捌万伍仟元整	
开户行	中国银行成都市××路支行	银行账号	123456789	
备注	支付货款			

申请人：王翔　　财务：肖敏　　总经理审批：张璟

附件 4－2：

国内支付业务付款回单

教学专用

客户名：3931759634　　日期：2021年01月09日

收款人账号：123456789　　付款人账号：1340376×××3

收款人名称：成都长信科技股份公司　　付款人名称：昆明卓锦商贸有限公司

收款人开户银行：中国银行成都市××路支行　　付款人开户行：中国银行昆明市中山路支行

金额：CNY985,000.00

人民币玖拾捌万伍仟元整

报文种类：beps.121.001.01-客户发起普通贷记业务报文

业务类型：A100-普通汇兑　　收支申报号：

业务标识号：2020042438365921　　业务编号：

发起行行号：123456789012　　接收行行号：012123456789

发起行名称：中国银行昆明市中山路支行　　接收行名称：中国银行成都市××路支行

入账账号：123456789　　入账户名：成都长信科技股份公司

用途：

附言：货款

打印时间：2021-01-31 09:45:10　　打印次数：1

中国银行股份有限公司
昆明市中山路支行
业务专用章
11GUEN44
WU4JGNIN

业务 5	1 月 10 日	缴纳 2020 年 12 月增值税、附加税、印花税	增值税付款回单、附加税付款回单、印花税付款回单、增值税缴税凭证、附加税缴税凭证、印花税缴税凭证

附件 5－1：

国内支付业务付款回单

客户号 ：393181559　　日期 ：2021年01月08日

付款人账号：1340376×××3　　收款人账号：

付款人名称：昆明卓锦商贸有限公司　　收款人名称：国家金库五华区支库

付款人开户行：中国银行昆明市中山路支行　　收款人开户行：

金额：CNY

业务种类:实时缴税　　业务编号：21266060　　凭证字号：2020040754888239

纳税人识别号:112233445566M　　缴款书交易流水号：54888239　税票号码：353016200400055764

纳税人全称:昆明卓锦商贸有限公司

征收机关名称:国家税务总局昆明市五华区税务局

收款国库（银行）名称：国家金库五华区支库

税（费）种名称	所属日期	实缴金额
增值税	2020/12/01-2020/12/31	CNY

交易机构：15818　　交易渠道：其他　　交易流水号：106967289-414

回单编号：2020040713156732　回单验证码：242N3ATHNEWK

打印时间：2021-01-31 09:45:09　　打印次数：1

附件 5－2：

国内支付业务付款回单

客户号 ：393181559　　日期 ：2021年01月08日

付款人账号：1340376×××3　　收款人账号：

付款人名称：昆明卓锦商贸有限公司　　收款人名称：国家金库五华区支库

付款人开户行：中国银行昆明市中山路支行　　收款人开户行：

金额：CNY

业务种类:实时缴税　　业务编号：21266060　　凭证字号：2020040754888239

纳税人识别号:112233445566M　　缴款书交易流水号：54888239　税票号码：353016200400055764

纳税人全称:昆明卓锦商贸有限公司

征收机关名称:国家税务总局昆明市五华区税务局

收款国库（银行）名称：国家金库五华区支库

税（费）种名称	所属日期	实缴金额
城市建设维护税	2020/12/01-2020/12/31	CNY
教育费附加	2020/12/01-2020/12/31	CNY
地方教育费附加	2020/12/01-2020/12/31	CNY

交易机构：15818　　交易渠道：其他　　交易流水号：106967289-414

回单编号：2020040713156732　回单验证码：242N3ATHNEWK

打印时间：2021-01-31 09:45:09　　打印次数：1

附件 5－3：

国内支付业务付款回单

客户号 ：393181559　　日期 ：2021年01月08日

付款人账号：1340376×××3　　收款人账号：

付款人名称：昆明卓锦商贸有限公司　　收款人名称：国家金库五华区支库

付款人开户行：中国银行昆明市中山路支行　　收款人开户行：

金额：CNY

业务种类:实时缴税　　业务编号：21266060　　凭证字号：2020040754888239

纳税人识别号:112233445566M　　缴款书交易流水号：54888239　税票号码：353016200400055764

纳税人全称:昆明卓锦商贸有限公司

征收机关名称:国家税务总局昆明市五华区税务局

收款国库（银行）名称：国家金库五华区支库

税（费）种名称	所属日期	实缴金额
印花税	2020/12/01-2020/12/31	CNY

交易机构：15818　　交易渠道：其他　　交易流水号：106967289-417

回单编号：2020040713156732　回单验证码：242N3AQB6WQW

打印时间：2021-01-31 09:45:09　　打印次数：1

附件 5－4：

中国银行电子缴税凭证

转账日期：2021年01月08日　　凭证字号：20200407544888246

纳税人全称及纳税人识别号：昆明卓锦商贸有限公司
112233445566M

付款人全称：昆明卓锦商贸有限公司

付款人账号：1340376×××3

付款人开户银行：中国银行昆明市中山路支行　　收款国库（银行）名称：国家金库五华区支库

小写（合计）金额：¥　　缴款书交易流水号：54888239

大写（合计）金额：　　税票号码：35301620040066864

税（费）名称	所属日期	实缴金额
增值税	2020/12/01-2020/12/31	

第二联　作付款回单（无银行收讫章无效）　复核　记账

打印时间：2021-01-31 09：45:07

附件 5－5：

中国银行电子缴税凭证

转账日期：2021年01月08日　　凭证字号：20200407544888246

纳税人全称及纳税人识别号：昆明卓锦商贸有限公司
112233445566M

付款人全称：昆明卓锦商贸有限公司

付款人账号：1340376×××3

付款人开户银行：中国银行昆明市中山路支行　　收款国库（银行）名称：国家金库五华区支库

小写（合计）金额：¥　　缴款书交易流水号：54888246

大写（合计）金额：　　税票号码：35301620040055751

税（费）名称	所属日期	实缴金额
城市建设税	2020/12/01-2020/12/31	CNY
教育费附加	2020/12/01-2020/12/31	CNY
地方教育费附加	2020/12/01-2020/12/31	CNY

第二联　作付款回单（无银行收讫章无效）　复核　记账

打印时间：2021-01-31 09：45:07

附件 5－6：

中国银行电子缴税凭证

转账日期：2021年01月08日　　凭证字号：20200407544888246

纳税人全称及纳税人识别号：昆明卓锦商贸有限公司
112233445566M

付款人全称：昆明卓锦商贸有限公司

付款人账号：1340376×××3

付款人开户银行：中国银行昆明市中山路支行　　收款国库（银行）名称：国家金库五华区支库

小写（合计）金额：¥　　缴款书交易流水号：54888246

大写（合计）金额：　　税票号码：35301620040055751

税（费）名称	所属日期	实缴金额
印花税	2020/12/01-2020/12/31	CNY

第二联　作付款回单（无银行收讫章无效）　复核　记账

打印时间：2021-01-31 09：45:07

业务 6	1 月 10 日	缴纳 2020 年第 4 季度企业所得税	企业所得税付款回单、企业所得税缴税凭证

附件 6－1：

国内支付业务付款回单

客户号 ：393181559　　日期 ：2021年01月10日

付款人账号：1340376×××3　　收款人账号：

付款人名称：昆明卓锦商贸有限公司　　收款人名称：国家金库五华区支库

付款人开户行：中国银行昆明市中山路支行　　收款人开户行：

金额：CNY

业务种类:实时缴税　　业务编号：21266060　　凭证字号：2020040754888239

纳税人识别号:112233445566M　　缴款书交易流水号：54888239　税票号码：353016200400055764

纳税人全称:昆明卓锦商贸有限公司

征收机关名称:国家税务总局昆明市五华区税务局

收款国库（银行）名称：国家金库五华区支库

税（费）种名称	所属日期	实缴金额
所得税	2020/10/01-2020/12/31	CNY

交易机构：15818　　交易渠道：其他　　交易流水号：106967289-416

回单编号：20200407131456646 回单验证码：242N3ATHNEWK

打印时间：2021-01-31 09:45:09　　打印次数：1

附件 6－2：

中国银行电子缴税凭证

转账日期：2021年01月08日　　凭证字号：20200407544888246

纳税人全称及纳税人识别号：昆明卓锦商贸有限公司

112233445566M

付款人全称：昆明卓锦商贸有限公司

付款人账号：1340376×××3

付款人开户银行：中国银行昆明市中山路支行　　收款国库（银行）名称：国家金库五华区支库

小写（合计）金额：¥　　缴款书交易流水号：548882775

大写（合计）金额：　　税票号码：353016200400778854

税（费）名称	所属日期	实缴金额
所得税	2020/10/01-2020/12/31	

第二联　作付款回单（无银行收讫章无效）　　复核　　记账

打印时间：2021-01-31 09：45:07

业务 7	1 月 10 日	计提并缴纳当月社保费 12,404 元、公积金 2,800 元	社保和公积金明细表（其余凭证略）

备注：本业务仅提供“社保和公积金明细表”，其余单据与 2020 年 12 月同业务类似，故略。

附件 7：

社保和公积金费明细表

部门	姓名	税款所属期	社保基数	养老保险费		医疗保险费		失业保险费		工伤保险费	生育保险	公司承担小计	个人承担小计	合计	住房公积金	
				单位（20%）	个人（8%）	单位（10%）	个人（2%）	单位（2%）	个人（1%）	单位（0.5%）	单位（0.8%）				个人（5%）	单位（5%）
总经办	张璎	2021-1	4,000	800	320	400	80	80	40	20	32	1,332	440	1,772	200	200
	刘芸	2021-1	4,000	800	320	400	80	80	40	20	32	1,332	440	1,772	200	200
采购部	王翔	2021-1	4,000	800	320	400	80	80	40	20	32	1,332	440	1772	200	200
仓储部	杨健	2021-1	4,000	800	320	400	80	80	40	20	32	1,332	440	1,772	200	200
财务部	肖敏	2021-1	4,000	800	320	400	80	80	40	20	32	1,332	440	1,772	200	200
	唐丽	2021-1	4,000	800	320	400	80	80	40	20	32	1,332	440	1,772	200	200
管理人员小计			24,000	4,800	1,920	2,400	480	480	240	120	192	7,992	2,640	10,632	1,200	1,200
销售部	杨海峰	2021-1	4,000	800	320	400	80	80	40	20	32	1,332	440	1,772	200	200
销售人员小计			4,000	800	320	400	80	80	40	20	32	1,332	440	1,772	200	200
合计			56,000	5,600	2,240	2,800	560	560	280	140	224	9,324	3,080	12,404	1,400	1,400

业务 8	1 月 11 日	收到广南县万辉电器城货款 645,000 元	银行回单

附件 8：

国内支付业务收款回单

教学专用

客户名：393181559　　日期：2021年01月11日

收款人账号：1340376×××3　　付款人账号：123456789

收款人名称：昆明卓锦商贸有限公司　　付款人名称：广南县万辉电器城有限公司

收款人开户银行：中国银行昆明市中山路支行　　付款人开户行：富滇银行广南县××路支行

金额：CNY645,000.00

人民币陆拾肆万伍仟元整

报文种类：beps.121.001.01-客户发起普通贷记业务报文

业务类型：A100-普通汇兑　　收支申报号：

业务标识号：2020042438365921　　业务编号：

发起行行号：123456789012　　接收行行号：123456789012

发起行名称：富滇银行广南县××路支行　　接收行名称：中国银行昆明市中山路支行

入账账号：1340376×××3　　入账户名：昆明卓锦商贸有限公司

用途：

附言：支付货款

打印时间：2021-01-31 09:45:10　　打印次数：1

中国银行股份有限公司 昆明市中山路支行 业务专用章 11GUEN44 WU4JGNIN

业务 9	1 月 18 日	提取 2020 年法定盈余公积金	法定盈余公积计算表

附件 9：

法定盈余公积计算表

编制单位：昆明卓锦商贸有限公司　　单元：元

项目	金额
2020 年净利润	
法定盈余公积（10%）	

公司负责人：张璟　　制表人：肖敏

制表时间：2021 年 01 月 18 日

业务10	1月18日	股东分红	股东会决议（节选）

附件10：

股东会决议（节选）

股东持股比例：张璟持有____70%____股份，陈驰持有30%____股份；

今分昆明卓锦商贸有限公司2020年8月至12月份利润，分红金额共计________________。

其中，张璟分红________元，陈驰分红________元。

昆明卓锦商贸有限公司

2021年1月18日

业务11	1月18日	计提2020年度年终奖	奖金发放表

附件11：

奖金发放明细表

单位：昆明卓锦商贸有限公司　　　　2021年1月18日

序号	姓名	职务	奖项	奖金（元）	领取人签名	备注
1	张璟	总经理	最具责任心奖		张璟	
2	刘芸	办公室主任	最具效率奖		刘芸	
3	王翔	部门经理	优秀员工奖		王翔	
4	杨海峰	部门经理	最具付出奖		杨海峰	
5	杨健	仓管管理员	优秀员工奖		杨健	
6	肖敏	会计	最具付出奖		肖敏	
7	唐丽	出纳	最具专注奖		唐丽	
合计						
应发金额：（大写）元整						
会计签名			肖敏			
总经理审核及签名			张璟			

业务 12	1 月 23 日	发放本年度年终奖金	银行回单

附件 12：

国内支付业务付款回单

教学专用

客户名：　　　　日期：2021年01月23日

收款人账号：　　　　付款人账号：1340376×××3

收款人名称：代发年终奖　　　　付款人名称：昆明卓锦商贸有限公司

收款人开户银行：　　　　付款人开户行：中国银行昆明市中山路支行

金额：CNY

人民币

报文种类：beps.121.001.01-客户发起普通贷记业务报文

业务类型：A100-普通汇兑　　　　收支申报号：

业务标识号：2020050638365921　　　　业务编号：

发起行行号：104731007026　　　　接收行行号：

发起行名称：中国银行股份有限公司昆明市中山路支行　　　　接收行名称：

入账账号：　　　　入账户名：

用途：

附言：

打印时间：2021-01-23 19:45:10　　　　打印次数：1

中国银行股份有限公司 昆明市中山路支行 业务专用章 11GUEN44 WU4JGNIN

业务 13	1 月 20 日	对外捐赠 5 万元	工资单、个税计算表

附件 13－1：

公益事业捐赠统一票据

UNIFIED INVOICE OF DONATION FOR PUBLIC WELFARE

教学专用

国 财00202　　　　2021年01月20日

捐赠人donor：昆明卓锦商贸有限公司　　　　Y M D　　　　№ 1012385698

捐赠项目 For purpose	实物（外币）种类 Material objects(Currency)	数量 Amount	金额 Total amount
爱心捐赠	人民币	1	50,000.00
合计人民币（小写）In figures	¥ 50,000.00		
合计人民币（大写）(In words)	伍万元整		

第二联 收据联

接收单位（盖章）：　　复核人：张玲　　开票人：龙晓丽

Receiver's Seal　　Verified by　　Handing Person

财务专用章

感谢您对公益事业的支持！Thank you for suport of public welfare!

附件 13－2：

国内支付业务付款回单

教学专用

客户名：393187759　　日期：2021年01月20日

收款人账号：123456789　　付款人账号：1340376×××3

收款人名称：云南省慈善总会　　付款人名称：昆明卓锦商贸有限公司

收款人开户银行：中国银行昆明市白龙路分行　　付款人开户行：中国银行昆明市中山路支行

金额：CNY50,000.00

人民币伍万元整

报文种类：beps.121.001.01-客户发起普通贷记业务报文

业务类型：A100-普通汇兑　　收支申报号：

业务标识号：2020050638365921　　业务编号：

发起行行号：104731007026　　接收行行号：105731003183

发起行名称：中国银行昆明市中山路支行　　接收行名称：中国银行昆明市白龙路分行

入账账号：123456789　　入账户名：云南省慈善总会

用途：

附言：爱心捐赠

打印时间：2021-01-31 19:45:10　　打印次数：1

中国银行股份有限公司 昆明市中山路支行 业务专用章 11GUEN44 WU4JGNIN

业务 14	1 月 31 日	计提本月工资 73,000 元，计提社保 3,080 元，计提公积金 1,400 元，计提个税 872.4 元	工资单、个税计算表

附件 14－1：

2021年1月昆明卓锦商贸有限公司工资表

姓名	职务	部门	基本工资	加班费	考勤扣款	工资总额	代扣个人社保	代扣个人公积金	代扣个税	实发工资	签名
张璟	总经理	总经办	18,000	2,000	0	20,000	440	200	370.8	18,989.2	
刘芸	办公室主任	总经办	15,000	3,000	0	18,000	440	200	310.8	17,049.2	
王翔	部门经理	采购部	4,000	500	0	4,500	440	200	0	3,860	
杨健	仓库管理员	仓储部	4,000	500	0	4,500	440	200	0	3,860	
肖敏	会计、部门负责人	财务部	6,000	0	0	6,000	440	200	0	5,360	
唐丽	出纳	财务部	5,000	0	0	5,000	440	200	0	4,360	
管理人员小计			52,000	6,000	0	58,000	2,640	1,200	681.6	53,478.4	
杨海峰	部门经理	销售部	12,000	3,000	0	15,000	440	200	190.8	14,169.2	
销售人员小计			12,000	3,000	0	15,000	440	200	190.8	14,169.2	
合计			62,000	9,000	0	73,000	3,080	1,400	872.4	67,647.6	

总经理：张璟　　财务审核：肖敏　　制单：唐丽

附件 14 -2：

2021年1月个税计算表

部门	姓名	累计工资收入	累计专项扣除	累计基本减除费用	累计专项附加扣除						累计预扣预缴应纳税所得额	适用税率	速算扣除	累计应预扣预缴税款	已预缴税款预扣	本期实际应预扣预缴税款额
					累计子女教育	累计住房贷款利息	累计住房租金	累计赡养老人	累计继续教育	合计						
总经办	张璟	20,000	640	5,000	1,000	0	0	1,000	0	2,000	12,360	3%	0	370.8	0	370.8
	刘芸	18,000	640	5,000	0	1,000	0	1,000	0	2,000	10,360	3%	0	310.8	0	310.8
采购部	王翔	4,500	640	5,000	0	1,000	0	2,000	0	3,000	0	0%	0	0	0	0
仓储部	杨健	4,500	640	5,000	0	0	0	0	0	0	0	0%	0	0	0	0
财务部	肖敏	6,000	640	5,000	1,000	0	0	0	1,000	2,000	0	0%	0	0	0	0
	唐丽	5,000	640	5,000	0	0	0	0	0	0	0	0%	0	0	0	0
管理人员合计		58,000	3,840	30,000	2,000	2,000	0	5,000	1,000	9,000	22,720			681.6	0	681.6
销售部	杨海峰	15,000	640	5,000	0	1,000	0	1,000	1,000	3,000	6,360	3%	0	190.8	0	190.8
销售人员合计		15,000	640	5,000	0	1,000	0	1,000	1,000	3,000	6,360			190.8	0	190.8
合计		73,000	4,480	35,000	2,000	3,000	0	6,000	2,000	12,000	29,080			872.4	0	872.4

总经办：张璟　　财务审核：肖敏　　制单：唐丽

备注：个税每月预缴，如有数据错误，可在下年初个税汇算时更正修改。

业务 15	1 月 31 日	结转本月销售成本	汇总出库单（略）、成本计算表

附件 15：

2021年1月销售产品成本计算表

编制单位：昆明卓锦商贸有限公司　　存货计价方法：月末一次加权法　　单位：元

商品编号	商品名称	规格	期初数量	单价	期初结存金额	本期购入数量	本期购入金额	本期发出数量	本期发出金额	期末结存数量	单价	期末结存金额
1												
2												
3												
4												
5												
6												
7												
8												
9												
10												
11												
12												
13												
14												
15												
	合计											

审核：　　制表：

业务 16	1 月 31 日	计提本月固定资产折旧 885. 32 元	固定资产折旧明细表

附件 16：

昆明卓锦商贸有限公司固定资产折旧明细表

编制日期：2021年1月31日 单位：元

固定资产编号	固定资产名称	固定资产类别	使用部门	入账日期	可使用年限	购买原值	残值率	净残值	月折旧额	累计折旧	净值
A202008001	电脑	电子设备	销售部门	2020年8月	3年	5,309.73	5%	265.49	140.12	700.59	4,609.14
A202008002	电脑	电子设备	总经办	2020年8月	3年	5,309.73	5%	265.49	140.12	700.59	4,609.14
A202008003	电脑	电子设备	总经办	2020年8月	3年	5,309.73	5%	265.49	140.12	700.60	4,609.13
A202008004	电脑	电子设备	总经办	2020年8月	3年	5,309.73	5%	265.49	140.12	700.60	4,609.13
A202008005	电脑	电子设备	总经办	2020年8月	3年	5,309.73	5%	265.49	140.12	700.60	4,609.13
A202009001	复印机	电子设备	总经办	2020年9月	3年	7,000.00	5%	350.00	184.72	738.89	6,261.11
	合计					33,548.65		1,677.43	885.32	4,241.87	29,306.78

审核：肖敏 制表：唐丽

业务 17	1 月 31 日	无形资产摊销 222. 22 元	无形资产摊销表

附件 17：

无形资产摊销表

编制单位：昆明卓锦商贸有限公司 日期：2021年01月31日 单位：元

项目	摊销时段	摊销期间数/月	预付账款	月摊销金额	本月摊销额	累计摊销	净值
用友软件	2020年10月–2023年9月	36	8,000.00	222.22	222.22	888.89	7,111.11
合计			8,000.00	222.22	222.22	888.89	7,111.11

业务 18	1 月 31 日	长期费用摊销 5,030. 03 元	长期费用摊销表

附件 18：

长期费用摊销表

编制单位：昆明卓锦商贸有限公司 日期：2021年01月31日 单位：元

项目	摊销时段	摊销期间数/月	预付账款	月摊销金额	本月摊销额	累计摊销	净值
办公室装修费	2020年8月–2023年8月	36	100,000.00	2,777.78	2,777.78	16,666.67	83,333.33
租金	2020年8月–2021年8月	12	27,027.03	2,252.25	2,252.25	13,513.50	13,513.53
合计			127,027.03	5,030.03	5,030.03	30,180.17	96,846.86

业务 19	1 月 31 日	结转本月未交增值税、计提附加税、印花税	增值税结转单、附加税和印花税计提单

附件 19－1：

未交增值税计算表

昆明卓锦商贸有限公司　　2021年1月31日

项　　目	金　　额（元）
销项税额	
上期留抵进项税额	
本期进项税额	
进项税额转出	
本期可抵扣进项税额	
本期应交增值税额	

复核人：　　制表人：肖敏

附件 19－2：

税金及附加计算表

编制日期：2021年1月31日　　单位：元

应交税费明细项目	计算依据	计税金额	税率	应纳税额	备注
应交城市维护建设税	增值税		7%		
应交教育费附加	增值税		3%		
应交地方教育费附加	增值税		2%		
印花税（购销合同）	购销金额合计		0.3‰		
合计					

复核人：　　制表人：肖敏

【业务重点】

利润的分配、年终奖个税的财务处理。

【训练要求】

填写记账凭证、登记明细账、总账。

【总结】

参考文献

［1］中华人民共和国财政部令第33号《企业会计准则》. 2006.

［2］全国人民代表大会常务委员会. 中华人民共和国会计法（2017修正）. 2017.

［3］中华人民共和国财政部令第98号《会计基础工作规范（2019年修订）》. 2019.

［4］史玉光，孙雯，曲少磊. 新会计准则下商品流通企业会计实务（第7版）［M］. 北京：电子工业出版社，2020.

［5］林依娴. 出纳实务［M］. 北京：中国人民大学出版社，2020.

［6］林云刚. 出纳实务［M］. 上海：立信会计出版社，2022.